レシピで味わう世界の食文化

レシピで
味わう
世界の食文化

みんぱく研究室で
クッキング

NAOMICHI ISHIGE
石毛直道

岩波書店

目次

石毛直道(みんぱくの生活科学実験室にて，1980 年代)

クッキングスクールの思い出

生活科学実験室

国立民族学博物館(以下、省略して民博《みんぱく》と記す)に生活科学実験室という部屋がある。世界の民族の生活文化を再現するための施設である。

広さは学校の教室くらいで、世界各地の料理をつくるためにプロ用の大きな調理台とガスレンジ、冷蔵庫があり、衣服文化の再現のためにミシンも置かれていた。部屋の一角には、日本の伝統的な手仕事をするために、縁側つきの畳の間ももうけられていた。

民博の開館当時、助教授であったわたしは、生活科学実験室の管理責任者に任命された。この部屋で、わたしはフィールドワークで訪れたことのあるアフリカや東南アジアなどの料理の復元もおこなったが、もっとも活用したのは研究者仲間との飲み会のときであった。

民博は、博物館をそなえた民族学の研究機関であるから、研究者たちは国立大学教官とおなじく教授、准教授、助教とされている。だが、大学の教官とちがって、民博の研究者たちは、館外からの研究者との共同研究を主催し、参加する義務を有している。たとえば、わたしは「東アジアの食事文化」、「酒と飲酒の文化」など、いくつもの共同研究を主催した(1)。そのさいには、全国から十数人の研究者が二ヶ月に一度集まり、二日間にわたって研究発表や共同討議をおこなったが、ひとつの共同研究は三年間つづいた。

民博は吹田市千里の万博記念公園のなかに位置しているため、付近には飲み屋がない。そこで共同研究会一日目の夕方、研究が終わると生活科学実験室に移動し、畳の間に座って、わたしの手料理で酒を飲むのが習わしとなっていた。

また、民博の館員たちも、生活科学実験室で酒を飲むことがおおかった。こうしてわたしは、飲み屋の主人兼板前をつとめるようになったのである。

素人のでたらめ料理

このように書くと、わたしは料理の達人と思われるかもしれない。だが、実際は、正式に料理を習った経験などなく、「ど素人《しろうと》」なのである。母親は料理好きであったが、わたしは子どもの頃に料理を教えてもらったことなどなかった。

やがて京都の大学に入学し、下宿生活がはじまると、大学の学生食堂や安い飯《めし》屋で食事をするようになったが、貧乏学生なので外食代に事欠くときもあった。

そんなある日、いちばん安上がりで栄養のある食事を思いついた。牛乳とうどん玉を買ってきて、金属製の洗面器にいれ、下宿の台所のガスコンロで煮たのだ。この「うどんの牛乳煮」に塩をふりかけ、洗面器に箸をつっこんで食べたのである。これが、わたしのつくった最初の料理である。もっとも、これを料理といってよいのか、はなはだ疑問ではあるが。

まともな料理をつくるようになったのは、大学院生になってからのことである。その頃、わたしは宇治川のほとりにある別荘で、番人のアルバイトをしていた。風光明媚な場所であるから、近所に外食店などなく、わたしは別荘の厨房で自炊するようになった。

こうして、日課として食事をつくるうちに、料理のおもしろさに気がついたのである。

おおげさかもしれないが、日常生活のなかで創造のよろこびを体験できるのが料理なのだ。材料や調味料をちょっと変えるだけで、あたらしい味を創作できる。失敗作でも、胃袋にいれてしまえばよい。絵画や文芸作品とちがって、まずい作品でも残ることはなく、つぎの食事であらたな創作にとりかかれる。わたしは、料理つくりを家事労働としてではなく、創作活動としてとらえることにしたのである。

しかし、おいしい料理ができたとしても、わかちあう相手なしに、一人で楽しんでいたのでは、性行動でいえばオナニーのようなものだ。つくった料理を食べ、批評してくれる相手が必要なのである。そんなことを考えているとき、「下宿代節約のため、別荘の空き部屋に住まわせてくれ」と、親しい友人が転がりこんできた。

そこでわたしは、彼に「これから一〇〇日間、飯と味噌汁以外は、すべてちがった料理を食わせてやる」と、宣言した。

といっても、わたしの料理のレパートリーは限られている。婦人雑誌の付録の料理レシピ集を古本屋で買ってきて、それを参考に毎回の食事にあたらしい料理をつくったのである。これが、わたしにとっての最大の料理修業体験となった。

このように、わたしは師匠について包丁の使い方などの基礎技術を習得することなしに、自己流で料理をつくってきたのである。料理本をたよりにしたといっても、記述されたつくりかたを忠実に再現するのではなく、その時々の思いつきで、材料や味つけを変化させることがおおかった。

既成概念にとらわれない、あたらしい料理をプロの料理人がつくったならば「創作料理」といわれるだろう。だが、素人のわたしが思いつく料理は「でたらめ料理」というほかない。

クッキングスクールの開設

やがて、わたしが生活科学実験室でつくる「でたらめ料理」を、「うまい」といってくれる人びとがあらわれた。そして、わたしに「料理教室を主催してくれ」といってきたのである。

民博には、事務員や研究部の秘書として働く独身の女性がおおぜいいた。研究部の教官には、いろいろな特技をもつ人もいた。ラテン・アメリカ音楽にくわしい教官を指導者とする楽団が結成されたり、外国語講座ができるなど、女性を中心としたサークル活動がさかんであった。そして花嫁修業にも役立つから料理を教えてと、わたしに要請があったのである。

かくして一九八一年、「石毛クッキングスクール」が発足した。わたしが海外調査などで非常に忙しかった頃のことである。不定期の会合であるが、二ヶ月に一度の開催を目標とした。メンバーは固定せず、民博関係者なら誰でも参加できることにした。

博物館業務が終了する五時過ぎに生活科学実験室に集まり、調理、試食をし、その料理にあった酒も供される。毎回、参加者は十数人だったが、女性だけではなく、酒を飲むことを楽しみに男性の研究者たちも出席した。

　民族学の関係者たちのサークル活動なので、エスニック料理もおおかった。わたしが海外調査から帰国したら、まだ味の記憶がうすれないうちに、訪れた国の民族料理をつくったり、民博の研究者をシェフとして、その人が専攻する地域の料理つくりを指導してもらったりしたのである。また民博では、世界各地の民族学学者を客員研究者として招聘《しょうへい》している。そのような海外からの研究者に、自国の名物料理のつくりかたを教えてもらうこともあった。

「石毛クッキングスクール」で腕をふるう著者(右端)
撮影：別所洋子

　わたしが忙しいときには、友人である奥村彪生《あやお》さん、程一彦《ていかずひこ》さんにクッキングスクールの特別講師を依頼することもあった。彼らは著名なプロの料理人であるが、民博の近所にあるわたしの自宅で酒を飲ませるというのが、講師謝礼であった。

　日本料理をつくるときは、市販の料理本に載っている献立よりも、わたしが国内調査で体験した、あまり知られていない郷土料理のレシピを紹介することがおおかった。

クッキングスクール開催日の昼休みには、食材の買い出しに市場へ出かけた。この材料費と、試食しながら飲む酒の代金を人数で割った金額が参加費となる。高価な材料を使用する献立はつくらないので、参加費が千円を超えることはなかった。

一〇周年記念レシピ集

クッキングスクールの中核となったのが「よろづ探検隊」である。そのメンバーは上出みちるさん、別所洋子さん、亀田洋子さん、近藤一美さんとわたしの秘書であった河合由佳さん(故人)と福島みさきさんたちである。彼女らは、昼休みに生活科学実験室に集まって昼食を共にすることのおおい仲間たちであった。このグループは、アウトドア活動が好きで、休日には関西の山を訪れたりしていたので、「よろづ探検隊」と自称していた。

クッキングスクールの開催日には、「よろづ探検隊」のメンバーが食材の買い出しに同行してくれて、参加者が集まるまえに、野菜を洗ったり、参加者に配布するメニューとレシピのコピーを作成するなどの下準備をしてくれた。

毎回、クッキングスクールの参加者には、その日のメニューを記した献立表と、つくりかたを記したレシピがくばられた。

わたしが自宅で来客を手料理でもてなすときなどに使用した、メニューを記載する用紙がある。それには「日々是好喫」という文字と日時を記入する欄が印刷されている。この用紙に、わたしが手書

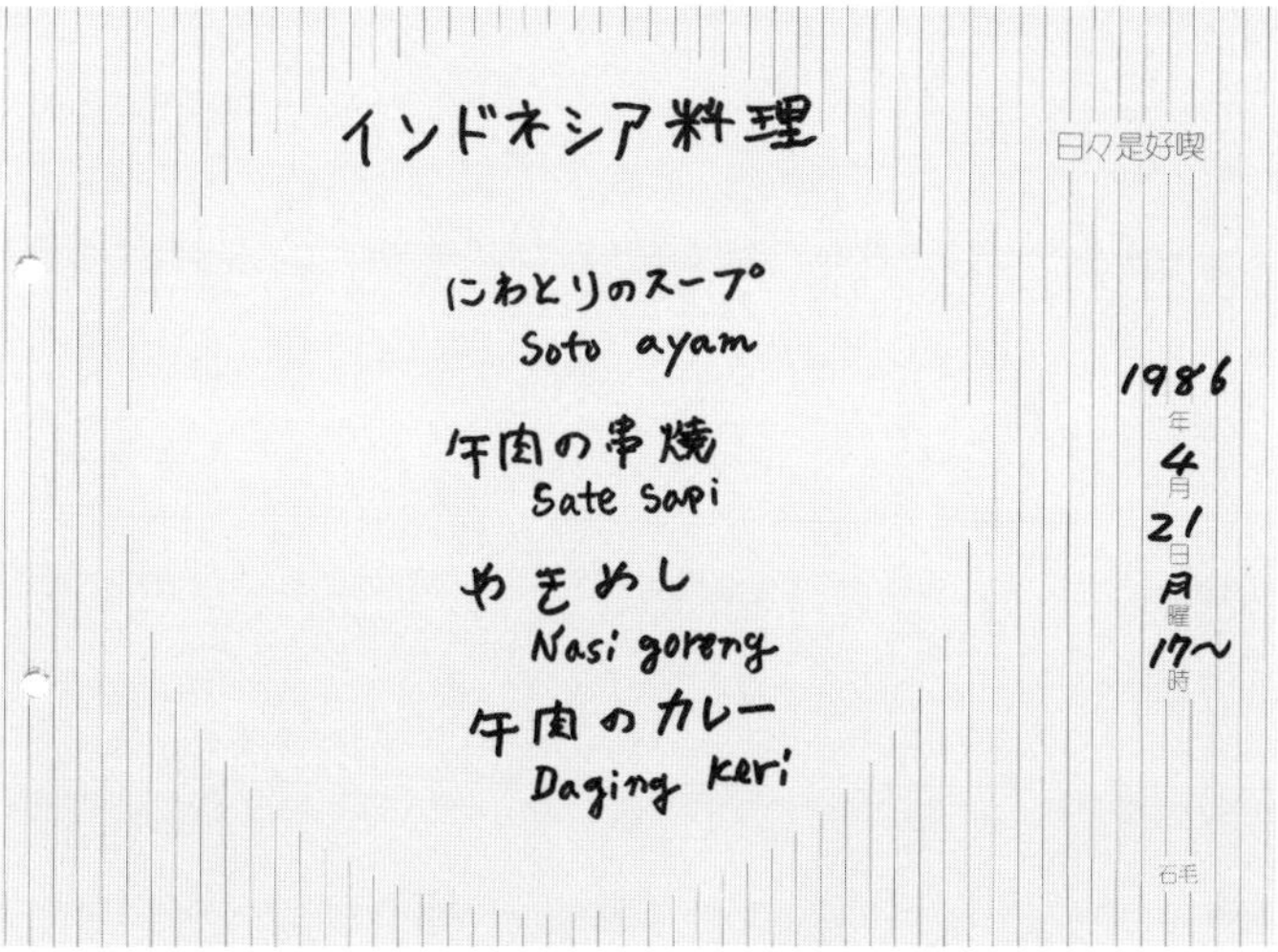

1986年4月21日の献立表．右上に「日々是好喫」の文字がある

きで、その日のメニューを記して献立表にしていた。外国語の文献を訳して手書きしたレシピを配布することもあったが、日本語の料理本をそのままコピーして配布することもおおかった。

一九九一年、クッキングスクール一〇周年の記念に、「よろづ探検隊」の上出みちるさんが中心となって、それまでのレシピをまとめて刊行することを計画した。わたしが知らぬ間に、編集・出版の作業がおこなわれ、できあがった本を渡されたときは、とてもおどろいた。わたしの素人料理が本にまとめられたのである。

『石毛クッキングスクール一〇周年記念レシピ集』というタイトルのこの本は、B5判、一五三頁、横組で、一九八一年一二月から一九九一年八月までの四九回のクッキングスクールの献立とそのつくりかたが記録されている。

奥付には、編者兼発行者「よろづ探検隊」、一九九五年四月八日発行(非売品)、限定二五〇部とあり、目次にはクッキングスクールの開催日、その日の献立が記載されている。

本文には、まずその回につくった料理の献立表が罫線の囲いのなかに記され、献立表の下には、その日の料理に関する編者の短文のコメントが付されている。そのつぎの頁から、それぞれの料理の材料や、つくりかたを記したレシピが載せられている。巻末には編者たちによる「編集後記にかえて——座談　想い出を語る」が収録されている。

市販本ではないので、われわれ以外に、この本を知る人はいない。しかし、このレシピ集に収録された料理をもとにすれば、さまざまな食文化について知ってもらえそうだ。

このようなことから、同書から抜粋したレシピと、その料理に関する食文化随筆をあわせて収めた、本書を編集、執筆することにした。

その後のクッキングスクール

一九九七年、わたしは国立民族学博物館の館長に任命された。館長稼業の忙しさに追われ、クッキングスクールの開催もまれになり、いつしか自然消滅してしまった。そして二〇〇三年、わたしは民博を退官した。

しかし、クッキングスクールの中核メンバーたちとの交流は、いまもつづいている。そのひとつが花見の会である。

民博のある万博記念公園には約五千本の桜の木が植えられており、「日本さくら名所一〇〇選」にも選定されている。そこで、毎年四月にわたしの主催する共同研究チームは、研究会の終了後に公園に移動して、ささやかな花見の宴をひらいていた。そこにクッキングスクールのメンバーが合流することになったのである。

誰でも参加できる花見会であるが、「参加者は食べものか酒を一品持参すべし」というのが発足当初からのきまりである。コンビニ弁当をひとつ買ってきても、参加資格となる。クッキングスクールのメンバーは手製の酒の肴《さかな》をもって参加することがおおい。

わたしが民博をやめてから、花見の会場は万博記念公園ではなく、大阪市内のとある神社の境内に移ったが、毎回一〇〇人ちかくの常連が集まる。クッキングスクールに参加した人びとにとっては、この花見が春の同窓会なのである。

（1）　左記はこの二つの共同研究の成果をまとめた書籍である。
石毛直道（編）『論集　東アジアの食事文化』平凡社　一九八五年
石毛直道（編）『論集　酒と飲酒の文化』平凡社　一九九八年

この本を読むにあたって

『石毛クッキングスクール一〇周年記念レシピ集』（以下『記念レシピ集』と記す）は、一〇年間に四九回開催した料理教室の記録である。そこには二一九品目の料理レシピが記載されている。朝鮮料理としょっつる鍋を一緒に供するといった献立もなかにはあるが、おおくの献立は中国料理、スペイン料理といったふうに国別に分類されている。

『記念レシピ集』で紹介している献立を、国別におおい順にあげると、一位は日本料理で一四回、二位は中国九回、三位は韓国四回、四位はフランスとイタリアで、それぞれ三回という順である。

西まわりで食の世界旅行

本書では、そのなかから一九回のクッキングスクールで実演した料理を紹介することにした。西まわりに食の世界旅行をするような順番で掲載した。

韓国・朝鮮料理にはじまり、中国、台湾の東アジア地域の料理を紹介したあと、東南アジアのタイ・カンボジア料理とインドネシア料理の味見をし、西方のカフカス料理、ついで地中海のトルコ・ギリシャ料理、北イタリア料理、スペイン料理、フランス料理となる。つぎに大西洋を横断して、南米のペルー料理を経験してから、日本料理を味わってもらおうという構成である。

こうしてみると、北ヨーロッパの料理、アフリカ料理、北アメリカの料理、太平洋諸島の料理が欠落している。その理由は、クッキングスクールで、これらの地域の料理をつくらなかったからである。たとえば、わたしが長期間フィールドワークをおこなったことのある太平洋諸島や東アフリカの料理は、材料が入手しにくいこともあり、日本の家庭での再現が困難だった。また、つくったとしても日本人の味覚にはあわないものもおおい。

そんなことで、本書は世界各地の食文化を均等に紹介するものではないが、ご了承いただきたい。また、それぞれの地域ごとに完結した記述となっているため、西まわりの食の世界旅行の順番にしたがって読む必要はない。興味をもった地域から、拾い読みしていただければよいのである。

冒頭のエッセイ

『記念レシピ集』に収録された韓国・朝鮮料理を列挙してみよう。

一九八二年一〇月におこなった「韓国の家庭料理」では七種類のレシピ、一九八三年八月二二日の「夏の男のスタミナ朝鮮料理」には五種類の日本化した朝鮮料理のレシピが、一九八四年七月二三日は韓国中央大学校からの外来研究員として民博に滞在していた尹瑞石(ユン・ソソク)教授が指導した六種類のレシピ、一九八五年一二月二日のクッキングスクール受講者の送別会と忘年会をかねたパーティー料理には、秋田の「しょっつる鍋」と韓国料理の「牛肉の煎骨(ソゴギチョンゴル)」と朝鮮風お好み焼きである「雑煎(チャプジョン)」のレシピ、一九八七年二月一六日の「家庭でつくれる朝鮮宮廷料理」には、四種類のレシピが掲載されている。

このなかから本書では、「家庭でつくれる朝鮮宮廷料理」と「夏の男のスタミナ朝鮮料理」を収録している。

『記念レシピ集』は、毎回のクッキングスクールで実習した料理の献立表と、それらのレシピの記録から構成されている。そのため、特定の料理のつくりかたがわかる実用書ではあるが、その料理に関する食文化的な解説などは欠如している。

本書『レシピで味わう世界の食文化』を編集するにあたって、読み物としても楽しめるようにしたいと考えた。そこで各章の冒頭に、クッキングスクールで特定の献立の料理を紹介することになったいきさつや、その料理が生まれた地域の食文化などに関する書き下ろしエッセイを載せることにした。たとえば「家庭でつくれる朝鮮宮廷料理」の項では、「韓式旅館の朝食」、「ビビンパと冷麺」、「宮廷料理」、「宮廷料理の継承者～黄慧性さんと子どもたち」というエッセイで、韓国の食文化と宮廷料理について述べてから、『記念レシピ集』の献立表とレシピが出現する構成となっている。

献立表

冒頭のエッセイについで、『記念レシピ集』から献立表を転載した。

枠のなかにメニューがならべられ、その右肩に、その料理をつくったクッキングスクールの開催年月日が記されている。１９８２０８１３とは、一九八二年八月一三日をしめす。しかし、『記念レシピ集』を編集した時点では、開催日不明の回もあり、年月しか記されていない場合もある。

枠の下には、編者が、その回のクッキングスクールの想い出を記した短文のコメントが載せられている。献立表に記された料理名に誤記がある場合も、そのまま転載し、レシピやレシピ追記の項で訂正することにした。

レシピ

献立表についで、レシピが記載されている。まず、その料理をつくるのに必要な〔材料〕が列記され、つぎの〔作り方〕の項に調理の手順が記されている。

クッキングスクールの開催時に配布したレシピには、かならずしも〔材料〕や〔作り方〕がきちんと分類し記されていたはずはない。『記念レシピ集』の作成にあたって、編者たちがレシピの記述法を統一したのであろう。

わたしはクッキングスクール関係の資料をすべて廃棄してしまったし、『記念レシピ集』の編者の手元にもレシピの原典は残っていないそうだ。そこで、いまとなってはどの料理書から引用したレシピであるかをあきらかにすることが困難である。

一般に料理のレシピは、著作権の対象外とされている。たとえば、ある料理書に記されたレシピを手本として、使用する材料や分量を変えたり、「中火で一〇分間加熱」と書かれているのを「強火で五分間加熱」と変えたレシピを公表しても、著作権法侵害にはあたらないのである。

『記念レシピ集』のレシピは、日本語や外国語の既刊の料理本から引用したものがほとんどである。それをまる写ししたのではなく、日本で手軽に入手できる材料に変えたり、日本の家庭の台所用具でつくれるよう、わたしなりに手を加えている。

レシピ作成にあたって参照した原典のわかるものは明記してあるが、さきに述べたような事情で、現在では原典不明のものがおおい。

本書にレシピを転記するにあたって、誤記を訂正するなどの手を加えたが、なるべく『記念レシピ集』に記載されているままに記すことにした。そこで、食材名が「ニンニク」とカタカナ表記されている場合と、「にんにく」とひらがな表記されている場合があるが、あえて統一をしなかった。『記念レシピ集』でレシピは横組だが、本書ではほかの文章にあわせて縦組としたのが、いちばんの変化である。

レシピ追記

レシピで紹介した料理についての補足が必要な場合は、「レシピ追記」という項をもうけて解説している。そこには調理にあたっての注意点や、料理法のコツ、現地語での料理名の解説、わたしがその料理を現地で食べたときの追憶などが記されている。

舌の異文化理解

本書は、わたしの体験した世界各地の料理のつくりかたを主役とし、それらの料理に関する食文化的エッセイを脇役として構成されている。

ここで世界の食文化を調査するさいの、わたしの信条について一言述べておこう。

食は舌をつうじて知る事柄である。未知の食べものについての文献を読んだり、料理写真を見ても、それは「絵に描いた餅」にすぎない。口にいれて食べてみないことには、その食べものを理解したとはいえないであろう。食における異文化理解は、食べてみることからはじまる。

ということで、わたしは世界各地で「舌のフィールドワーク」をおこなってきた。「仕事で世界各地を食べ歩きできるとは、うらやましいですな」といわれそうであるが、実際はそうではない。

グルメの研究ならば、高級レストラン巡りをして、うまいものばかり食べることができよう。しかし、わたしが専門とする「文化人類学的視点に基づく食文化研究」にとって、いちばん大切なのは民衆の日常の食事である。経済的に豊かな先進諸国をのぞいては、庶民のふだんの食事においしい料理が供されることはまれである。また、日本の食文化からみれば「ゲテモノ」とされる材料の料理も食べなくてはならないこともある。

本書には、日本人が違和感なくおいしく食べられ、家庭で容易につくれる料理のレシピを紹介する。読者が、そのなかから興味をもった料理を再現して、舌による異文化理解を試みていただくよう、切に願うしだいである。

家庭でつくれる朝鮮宮廷料理

韓式旅館の朝食

韓国の旅の宿には、ホテルと伝統的な宿泊施設である韓式旅館の二種類がある。古くからある韓式旅館は、かつての日本の旅館に似ている。建物はたいてい瓦ぶきの平屋で、入り口に帳場がある。ふすまや障子で仕切りをし、床に油紙を貼りつめたオンドル部屋で、布団を敷いて寝る。共同トイレが普通だ。家庭的サービスが売りものなのも日本旅館とおなじだ。(1)

わたしは韓式旅館に泊まるのが好きだ。その理由の第一は宿賃にある。ソウルの一流ホテルの料金は日本とたいして変わらず高額だが、韓式旅館なら、その三分の一程度の宿泊料で泊まれる。ただし、ラブホテルをかねている韓式旅館もあるので、ご用心。わたしは韓国の友人に、しにせの韓式旅館を紹介してもらって泊まることにしている。

オンドルのほんのりとしたあたたかさが床から伝わってくる、冬の韓式旅館は最高だ。ただし、オンドルの熱を利用するために敷き布団が薄いので、ふかふかしたベッドに慣れている人は、身体の節々が痛くなるかもしれない。

食いしん坊のわたしにとって、韓式旅館の最大の魅力は朝食にある。

韓国の伝統的食生活では、一日の食事のなかで、朝食をもっとも重んじてきた。むかしは、儀式や接待も朝におこなわれたので、朝から肉や魚の料理をたっぷり食べる習慣があった。

サラリーマン型の生活が一般的となった現在では、都市の住民は、朝はパン食などで軽くすませ、晩にご馳走を食べるようになったという。しかし、韓式旅館で朝食を注文すると、比較的安い料金で、飯床(パンサン)という膳にならべた伝統的な家庭の朝食を食べさせてくれる。

一九八〇年、ソウルで一流の韓式旅館に泊まったときの、朝食献立を記してみよう。

①米飯
②菜っ葉の味噌汁
③生卵
④ヒラメの辛い煮つけ
⑤豆腐の辛い鍋物(チゲ)
⑥ニワトリの内臓の辛い煮つけ
⑦韓国風焼き海苔(ゴマ油を塗り、塩味をつける)
⑧スケトウダラの干物のトウガラシ味噌和え
⑨大きな茶碗蒸しを切って盛りつけたもの
⑩ニンニクの茎の和えもの
⑪シイタケの煮つけ
⑫キュウリの水キムチ
⑬ハクサイのキムチ
⑭葉トウガラシの和えもの(ナムル)

伝統的な韓国料理の配膳方法は日本とおなじで、一人膳の場合は、台所で膳のうえにすべての料理をならべて運んでくる。飯、汁、鍋物のほかは冷えてもかまわない料理だ。種々のキムチ類や干物、塩辛などの保存食品が利用されるので、あまり手間をかけずに、おおくの品数をそろえることができる。

　この旅館では、焼き海苔が陶器の小皿に置かれていたほかは、すべて銀色をした金属製の小形の碗に盛りつけられ、金属の箸と匙がそえられていた。汁ばかりではなく、飯も匙ですくって食べるのが朝鮮半島の食事作法である。また、食器を手で持ち上げて食べてはならない。飯碗、汁椀を手にもって食べる日本流の食事作法は、食器をならべる膳をもたずに食事をする「乞食の食べかた」とされるからである。

ビビンパと冷麺

　旅館の朝食献立には、ビビンパ風に米飯を食べることができるように生卵がそえられている。飯をいれた碗のうえに、煮物やナムルと卵の黄身をのせて匙で混ぜあわせると、ビビンパができあがる。ビビンとは「混ぜる」、パプが「飯」という意味なので、ビビンパは「混ぜ飯」のことである。

　顔つきを見ていたら日本人と韓国人の区別はつかないが、ビビンパを食べさせたらいっぺんにちがいがわかる。日本人は飯のうえに飾った具をくずさないようにして食べるが、韓国の食べかたでは、すべての具を飯に混ぜてから食べはじめる。飯にすべての具が均等にまぶされるまで、力をこめて匙で徹底的にかき混ぜるのだ。何種類もの味がよく混ざったほうがおいしいといわれる。素材の持ち味をそれぞれ単独で賞味する日本と、多様な味の混合した複雑な味の調和をおもんじる韓国との嗜好のちがいとでもいうべきか。

　伝統的な昼食でよく食べられるのが麺類である。昼に家庭で客をもてなすときには、麺床（ミョンサン)といって、麺類を主体とした軽い食事をつくる。熱い肉のスープをかけた温麺(オンミョン)、冷麺(ネンミョン)のほか、スープは使用せずに、ゆでた麺にキムチなどの具をたくさんのせて、かき混ぜて食べるビビンクッスなどがある。熱いスープに餃子《ぎょうざ》をいれた饅頭湯(マンドゥタン)や日本の韓国料理店でおなじみの朝鮮半島の雑煮であるトックッも麺床の部類にいれられる。

朝鮮半島の伝統的な麺類は、南北で異なっていた。現在の韓国にあたる朝鮮半島南部では、コムギ粉を主原料にして、日本の手打ちうどんとおなじ製法による麺つくりがおこなわれ、あたたかいスープで食べるのが伝統であった。

現在の北朝鮮にあたる北部地域では、寒冷な気候のためコムギ耕作が困難なので、ソバ粉を主原料とする「押しだし麺」が伝統的であった。

コムギ粉にはグルテンが含まれているので、水を加えてこねると粘りと弾力性がある塊になり、麺棒でひろげて包丁で切れば紐状の麺に成形することができる。ソバ粉にはグルテンがないので、日本では手打ちそばをつくるときには、コムギ粉を混ぜることがおこなわれる。

朝鮮半島の北部伝統の押しだし麺は、コムギ粉にリョクトウ(緑豆)澱粉《でんぷん》を混ぜて練り、底部に多数の小穴をあけたシリンダーにいれて、ピストンで熱湯のなかに押しだして麺状に成形する。これはハルサメ(春雨)つくりとおなじ原理の製法である。新大陸原産のジャガイモ、サツマイモ、トウモロコシが栽培されるようになると、リョクトウのかわりに芋類の澱粉、トウモロコシの澱粉を使うようになった地域もある。(2)

朝鮮半島の冷麺(ネンミョン)は、北部の押しだし麺の料理法にルーツをもつものである。北朝鮮の首都である平壌(ピョンヤン)と日本海に面した咸興(ハムフン)が冷麺の本場として知られている。冷麺は北朝鮮の名物料理であったが、朝鮮戦争のときに人びとの移動がおこったため、現在では韓国各地で平壌冷麺(ピョンヤンネンミョン)や咸興冷麺(ハムフンネンミョン)を食べることができる。

平壌冷麺の麺は、ソバ粉を主原料にして、リョクトウの澱粉を加えて製麺するので、太くて黒っぽく噛み切りやすい。咸興冷麺の麺は、ジャガイモ、トウモロコシなどの澱粉でつくり、細めで白っぽく噛み切りづらいので、ハサミで切りながら食べることもある。

平壌冷麺のスープは、肉でとっただしとトンチミの汁を調合して、冷やして供する。トンチミとは、ダイコンを主原料として大量の塩水に漬けてつくった、水キムチである。ダイコンが乳酸発酵して、甘酸っぱさと炭酸飲料のようなさわやかさを感じさせる味がする。

咸興冷麺はトウガラシ味噌(コチュジャン)や酢、ゴマ油、砂糖などを混ぜた薬味(ヤンニョム)であえた麺に刻んだキュウリ、ゆで卵、エイの刺身などをのせ、かき混ぜて食べる辛味のつよいビビンネンミョンである。

麺類を汁で食べる習慣が定着していた日本のことである。韓国・朝鮮料理店では、冷たいスープで食べる平壌風の冷麺が定番となった。

ただし、トンチミの汁でスープをつくる店はほとんどない。鶏ガラでとっただしに、醬油、酢、ゴマ油、コチュジャンなどを加え、キムチをいれてつくる、日本風の韓国冷麺スープで食べさせるのが一般的である。

宮廷料理

朝鮮半島における外食文化の出現はあたらしい。一三九二年にはじまる李氏朝鮮王朝は儒教にもとづいて国家を運営する政策をおこない、儒教思想をたたきこまれた官吏は商業活動を蔑視した。また、李朝前半には貨幣経済が普及せず、農民は穀物や布を物々交換の手段として使用することによって、生活必需品を入手していた。このような社会では、商業経済を前提とする外食施設は発達しない。

一九世紀の終わり頃まで、旅人がきちんとした食事をとることができる場としては、居酒屋兼旅籠《はたご》である酒幕(チュマク)や商人宿兼問屋である客主(ケクチュ)があるのみで、官吏の場合は官営の宿泊施設である駅(ヨク)や地方の有力者の家に泊まって腹ごしらえをした。ほかには遊興施設である妓楼で酒食をすることができたくらいであった。

食堂や料亭といった料理店が出現するのは、二〇世紀初頭になってからのことである。それまで、洗練された朝鮮半島の食文化を伝承してきたのは宮廷料理と、上流階級の家庭の料理であった。日本では、江戸時代後期の将軍や天皇の食事の献立と、当時の高級料亭で供した料理の記録を比較すると、料亭に出入りをすることができた富裕な町人のほうがおいしい食事を楽しんでいたようである。それにたいして、外食文化が発達しなかった李朝において、最高の食事を供したのは宮廷であった。

水刺床(スラサン)という国王と王妃の日常の食事は、五種類の汁物料理と一二種類のおかずがついており、日本流にいえば五汁十二菜から構成されていた。これにウルチ米のご飯とモチ米を小豆のゆで汁で炊いた赤飯、鍋物料理、キムチ類がそえられた。

朝鮮半島全土から献上された食材を使用し、最高の料理人たちが技術を駆使してつくる李朝の宮廷料理は、朝鮮半島の伝統的食文化の最高峰というべきものである。

宮廷の料理人は、待令熟手(テリョンスクス)という男性の料理人と、厨房尚宮(ジュパンサングン)という女性の料理人から構成されていた。

待令熟手の「待令」とは王命を待つ、「熟手」は達人という意味である。男性の料理人は宮中での公式行事にともなう料理つくりの専門家で、宮殿の外に自分の家をもち、宮中で公式行事の宴会のあるときに、国王の命令で宮廷に参じて料理つくりをしたので、このような職名になったのであろう。「尚宮」とは李朝での女官の称号のひとつであるが、王の側室についで官位がたかく、生涯独身で宮中でくらした。厨房尚宮は、国王とその家族の日常の食事をつくって供するのが役目であった。

宮廷料理の継承者〜黄慧性さんと子どもたち

しかし、朝鮮半島が日本の植民地となると、宮中の料理人たちはちりぢりばらばらになり、宮廷料理の伝統は消滅しそうになった。それを体系的に再編成し、現代にまで伝承したのが黄慧性(ファン・ヘソン)さんである。

一九二〇年に生まれた黄さんは、朝鮮の女学校の三年生のとき、福岡の筑紫高女という私立の女学校に転校、京都女子高等専門学校(現在の京都女子大学)の家事科に進学し、料理や栄養学を学んだ。卒業後、帰国して朝鮮の女学校の教師を短期間つとめ、二二歳でソウルの淑明女子専門学校(現在の淑明女子大学校)の助教授となり、家政学を教えることになった。少女の頃から日本に留学したため、自国の料理についての知識をもっていなかったが、にもかかわらず、家政学の教員として朝鮮料理も教えねばならなくなったのである。

そこで、李朝最後の王妃付きの料理専門の女官に弟子入りして、宮廷料理を学びはじめたのである。三年間くらいは、師匠の女官に相手にもされずに、ただ立って料理つくりを見て、メモをとるだけの日々がつづいたそうだ。そのうちに黄さんの熱意にほだされて、女官がいろいろ教えてくれるようになったという。

宮廷料理の技術や作法などは、料理専門の女官たちのあいだで代々伝承されるだけで、記録はいっさい残されていなかった。それを三〇年間にわたって習得し、その成果を記録にとどめるだけではなく、学問的にまとめあげたのが、黄さんなのである。

黄さんの努力によって、宮廷料理が韓国の重要無形文化財第三八号に指定されることになり、師匠の女官が、宮中飲食技能保持者――すなわち人間国宝に指定された。この女官が亡くなると、黄さんが人間国宝をひきつぐことになった。

また、宮廷料理を研究し、その技術を現代に伝承する人びとを育成する施設である「宮中飲食研究院」を設立した。ここで学んだ人びとが、外食産業で宮廷料理を供するようになり、一般の人びとを対象に、家庭でつくれる宮廷料理の講習会を開くなど、普及活動をおこなっている。

黄さんは韓国文化財管理局がおこなった伝統郷土飲食調査の事業にも従事し、地方の民俗料理についてもくわしい。淑明女子専門学校のあと明智大学、成均館大学校などの教授を歴任し、韓国の食文化についての第一人者であるだけではなく、おいしい料理をつくる実技を身につけた名料理人でもある。

二〇〇六年に黄慧性さんは亡くなったが、四人の子どもたちがその仕事をうけついで活躍している。長女は宮廷料理の伝承者として三代目の人間国宝となり、宮中飲食研究院の院長である。日本でも放映された韓国の連続テレビドラマ「宮廷女官チャングムの誓い」にでてくる李朝の宮廷料理の監修もしている。次女は料理研究家として活動しながら、韓国の伝統料理を商品化して販売する会社を経営している。三女の韓福真(ハン・ボクチン)さんは調理学と食文化の研究者で、全州大学校教授であり、二〇〇七〜〇八年に外国人研究員(客員教授)として、国立民族学博物館に一年間滞在したことがある。

長男はソウルで有名な宮廷料理レストランの経営者である。

一九八六年一一月から、翌年の三月まで日本学術振興会の招待した外国人研究員として黄慧性さんが来日し、わたしが所属していた国立民族学博物館に滞在して、日本と韓国の食文化の比較研究をおこなった。(3)

このとき、黄さんにクッキングスクールで教えてもらったのが、以下の料理である。

(1) 以下の文章は、雑誌『太陽』「特集　韓国七つの旅」(一九八六年一一月 平凡社)に掲載された「韓国満腹旅行」の一部に手を加えて再録したものである。

(2) 朝鮮半島の伝統的製麺法について、くわしくは左記の文献を参照されたい。
石毛直道『麺の文化史』講談社学術文庫　二〇〇六年
李盛雨「朝鮮半島のめん」石毛直道『石毛直道の文化麺類学　麺談』フーディアム・コミュニケーション　一九九四年

献 立 表

19870216

海老の松の実ソース和え
◆
ゆで肉 ピョンユク
◆
温麺 オンミョン
◆
各色団子 カクセクダンジャ
Chef 黄慧性

韓国の重要無形文化財の
黄慧性(大韓民国ソウル成均館大学校教授(社)宮中飲食研究員理事長)が
外来研究員としてお見えになりました
勢力的に各地に出向かれ
ようやく2月になってスクールを開いていただきました
どなたにも言えることですがプロの教え方はなかなか厳しい
キムチと焼き肉ではない、韓国の宮中料理を学びました

（3）このとき、黄慧性さんと博物館やわたしの自宅で韓国の食文化についての対談を七回おこなって、まとめたのが左記の本である。
黄慧性・石毛直道(共著)『韓国の食』平凡社　一九八八年(一九九五年、平凡社ライブラリーとして刊行)

レシピ

海老の松の実ソース和え

〔**材料**〕

大正海老8尾　きゅうり1本　筍(小)1個　牛ブリスケ50g　塩　ごま油　松の実みじん切り大匙3　肉のスープ少々　塩　白こしょう

〔**作り方**〕

1、大正海老は背わたを取り、塩ゆでし、殻をむき二枚にそいでおく。

2、きゅうりは縦に半分に割り、それを3㎜に薄切りにし、軽く塩をして、しんなりしたら水で洗いざるにあげ、水気を切る。フライパンにごま油を入れ、強火でさっと炒めて冷ます。

3、筍は薄切りにし、よく洗って水気をふき、フライパンで同じくごま油、塩少々で炒め冷ます。

4、ブリスケはかたまりのまま熱湯に入れ、柔らかくゆでて、薄切りにする。

5、松の実のみじん切りにスープを少しずつ入れてのばし、ごま油・塩・白こしょうを加えて混ぜ、ソースをつくる。

6、1〜4をボールに入れて、5のソースで和えて器に盛る。

ピョンユク（片肉・ゆで肉）

〔材料〕

A　牛ブリスケ500g　ねぎ1本　にんにく2片

B　豚三枚肉500g　ねぎ1本　しょうが1かけ

〔作り方〕

1、Aは温麺の具と同じなので、温麺の作り方1を参照する。

2、BもAとおなじ作り方であるが、にんにくのかわりに、しょうがの薄切りを使う。

3、A・Bともに充分冷めたら薄く切る。

4、Aは酢醤油で、Bは酢醤油か、アミの塩辛で食べる。

オンミョン（温麺）

〔材料〕

そうめん300g　卵2個　牛肉（ブリスケ）300g　岩茸3枚　長ねぎ1本　干し椎茸2枚　にんにく2かけ　あさつき4本　うすくち醤油　糸唐辛子少々　塩・こしょう　ごま油

〔作り方〕

1、厚手の鍋に10カップ位の水を入れて沸騰させ、牛肉を塊のまま入れて煮る。途中ねぎとにんにくの薄切りを加え、アクをとりながら弱火で煮込む。肉に箸が通るようになったら取り出して、まな板にのせ、上に重石をして冷まし、薄切りにする。スープはうすくち醤油と塩・こしょうで調味する。

2、卵は黄身と白身を別にし、塩を少し加え、薄焼きにし細切りにする。

3、干し椎茸はもどして細切りにする。岩茸は熱湯に漬けてから細切りにする。あさつきと糸唐辛子は4㎝の長さに切る。椎茸は醬油・ごま油で和えて炒める。

4、具の用意ができたら、食べる寸前にそうめんをゆでて、水気をよくきり、一人前ずつ器に入れて、ゆで肉・薄焼き卵・椎茸・岩茸・あさつき・糸唐辛子を盛り、熱いスープをたっぷりと注ぎ入れる。

カクセクダンジャ（各色団子）

〔材料〕

岩茸団子　もち米の粉3カップ　岩茸10g　松の実の粉1／2カップ　砂糖大匙2　蜂蜜大匙1

よもぎ団子　もち米の粉3カップ　よもぎ20g　白いんげん1カップ　砂糖大匙2　蜂蜜大匙1

なつめ団子　もち米の粉3カップ　なつめ20個　栗10個　砂糖大匙2　蜂蜜大匙1

〔作り方〕

岩茸団子

1、岩茸はぬるま湯につけておき、もみ洗いし、みじん切り、又は乾かして粉にする。

2、もち米の粉に塩小匙1と水大匙1を混ぜて、ぬらした岩茸の粉あるいはみじん切りをよく混ぜて、器にぬれフキンを敷いて蒸す。

3、蒸し上がったものを少し練って、まな板に砂糖をひいておき、1cm位の厚さにのばす。のばしたものを2cm×3cm位の大きさに切って、蜂蜜をつけて松の実の粉をまぶす。

よもぎ団子

1、よもぎの軸を取り去り、葉だけをあつめ、すり鉢ですっておく。

2、もち米の粉に、岩茸団子の作り方2に記したように、塩水を混ぜて蒸す。

3、蒸しおわったら、すり鉢に入れて搗《つ》き、よもぎの葉と混ぜる。

4、よもぎの葉の色がついた餅状になったら、直径1・5cm位の棒状に成形してから、3cm位の長さにちぎって、団子にする。

5、蒸したいんげん豆の皮をとり、裏漉《うらご》ししたものを、蜂蜜をつけたよもぎ団子にまぶす。

レシピ追記

海老の松の実ソース和え

献立表には韓国名が記されていないが、韓国ではこの料理を「テハチム」という。エビと松の実を使用したヤンニョム(薬念=合わせ調味料)で和えたこの料理は、代表的な宮廷料理のひとつである。

本来はエビを蒸してつくる料理だったようだが、家庭ではゆでたり、電子レンジで加熱してもよい。レシピでは、ブリスケも一緒に盛りあわせているが、主役のエビをひきたたせるためには肉なしで供するのがよい。

ピョンユク（**片肉・ゆで肉**）

ピョンユクとは「薄切り肉」に由来する料理名で、漢字では「片肉」と書く。レシピに出てくるブリスケとは、英語に語源をもつ牛の肩肉をさす。

ピョンユクは「海老の松の実ソース和え」に使うほか、「オンミョン（温麵）」の具にも使われるし、ゆで汁をスープにも利用して、今回のクッキングスクールでは大活躍している。

肉の持ち味を生かした冷菜で、酢醬油やアミの塩辛をつけて食べる。簡単な料理であるが、朝鮮王朝時代には正月料理とされたり、貴族の食卓にならべられる高級料理だったそうだ。

「セウジョッ」というアミの塩辛は薬念でもあり、キムチを漬けるさいや、炒め物やスープの味つけにも使用されるなど、韓国では調味料として活用されている。

オンミョン（**温麵**）

宮廷の昼食には、「ミョンサン（麵床）」という軽い食事が供された。麵料理が主体で、キムチや生野菜の和えもの、ジョン（煎）という卵をいれて焼いたチジミ状の料理、チャプチェ（春雨と野菜の炒め物）、ファチェ（花菜）という果汁に果物や花を浮かべた飲みものをそえた。

麵はその長い形状から、中国、韓国では長生きを象徴する、めでたい食品とされている。古くから麵食文化が発達した中国北部では「長寿麵」といって、誕生日に麵を食べる風習がある。

韓国でも、満一歳の誕生日には麵を食べて祝うし、結婚披露宴では、新郎、新婦が末永く幸せであるようにと温麺料理を供する。このようなことから、未婚の人に結婚の予定をたずねるとき、「いつ麺を食べさせてくれる?」という定番化したいいまわしがある。

韓国での麺の料理法は、ネンミョン(冷麺)とオンミョン(温麺)に二大別される。日本では韓国冷麺はよく知られているが、熱いスープの温麺を供する韓国・朝鮮料理店はほとんどない。

カクセクダンジャ(各色団子)

日本では白玉粉というモチ米の粉でつくる団子と同様のものである。岩茸団子とよもぎ団子のつくりかたは記されているが、なぜか、なつめ団子のレシピが記録から欠落している。

夏の男のスタミナ朝鮮料理

一九八三年八月のクッキングスクールでは、夏バテ防止のためにホルモン焼きをメインに、酒の肴ともなる三品と主食となる冷麺をそえた献立にした。

無視された食文化

鎖国政策の徳川政権が崩壊し、明治時代になり海外との国交を開始した日本は、欧米をモデルとした近代国家の形成にむかうこととなる。

明治政府の富国強兵政策のもとで、欧米人にくらべて日本人の体格や体力が劣るのは、伝統的に肉食を忌避していたからだとされ、肉食と牛乳の飲用が奨励された。そこで軍隊では兵士たちの食事に、肉を使用した「洋食」が供されるようになった。

幕末にはじまる牛鍋《ぎゅうなべ》が「すき焼き」に発展した例をのぞくと、あたらしい食材である肉を使った料理法は、欧米料理からとりいれたものである。箸を使用して食す中国や朝鮮半島の肉料理のほうが、民衆には親しみやすかったはずであるが、欧米一辺倒の世情のもとではかえりみられなかったのであろう。

それでも、一九一〇年代になると、都市では中国料理店が目立つようになったが、韓国・朝鮮料理店の営業は、第二次大戦終了後まで待たねばならない。その背景には、日本人の朝鮮半島の文化にたいする蔑視があったようである。

一九一〇(明治四三)年の日韓併合により当時の大韓帝国が日本の領土とされた。三五年間におよぶ日本による朝鮮半島支配の時代に、日本語で公刊された朝鮮半島のクッキングブックは、現地の女学校の料理実習テキストを含めて一〇冊に満たないであろう。当時の日本の婦人雑誌には中国料理のつくりかたがよく記載されていることにくらべると、朝鮮半島の食文化にたいする、おどろくべき無関心がうかがえる。

戦前の日本内地には朝鮮半島の料理を食べさせるレストランはほとんどなかった。それには、支配下にある民族の料理は食べるに値しないという、差別観が作用していたと思われる。東京、大阪の大都市につくられた在日朝鮮人が集まって住むコリア・タウンには韓国・朝鮮料理店があったが、そこに日本人の客はほとんど出入りすることがなかったようである。

日本人の顧客を対象とした朝鮮半島料理のレストランが出現するのは、第二次大戦後のことである。現在では、海外起源の料理の店舗数は、洋食店、中国料理店についで、韓国・朝鮮料理店がおおくなった。日本人が朝鮮半島の料理に関心をもつようになったきっかけをつくったのがホルモン焼きである。

ホルモン焼き

明治時代になって哺乳類の肉を食べることが解禁になっても、日本では、ながいあいだ内臓は食べなかった。屠畜や皮革業に従事する被差別部落の人びとをのぞいては、一般には内臓は食材として認められなかったのである。

朝鮮半島では、李氏朝鮮王朝の時代から、タレに漬けこんだ肉を鉄鍋で焼いて食べる現在のブルコギの原型にあたる焼き肉料理はあったが、内臓を焼いて食べることはあまり普及しなかったようである。しかし、低賃金で雇われていた在日朝鮮人の労働者は屠場から安価な内臓を入手して料理することをおこなうようになったそうである。

当時は、屠畜して肉をとったあとに残る内臓は廃棄されるか肥料とされることが普通なので、大阪弁では「放《ほ》るもん」とされ、それが「ホルモン焼き」の語源であるという説がある。

しかし、ホルモン焼きは医学用語のホルモンに起源するという説が有力である。内臓にかぎらず、卵、山芋、スッポンなど精力を増強すると信じられた食材を使用した料理を「ホルモン料理」ということが、一九二〇年代に流行したそうだ。

たとえば、「オムライス」という日本洋食を考案した大阪の「北極星」という洋食レストランは、ウシの内臓を使用したスープ、カツレツ、バター焼きなどを提供し、一九四〇(昭和一五)年には「ホルモン」で登録商標を取得している。

第二次大戦中の一九四二(昭和一七)年に食糧管理法が制定され、食料の生産、流通、消費が政府の管理下におかれるようになり、敗戦後もそれがつづいた。配給でしか食料を入手できない敗戦後の食糧難の時期には、各地に露店のヤミ市が発生し、そこで人びとは食料を入手したり、空腹をいやした。このヤミ市で人気の高かった料理が、ホルモン焼きである。下味をつけて炭火で焼くだけでき、しかも安価で、スタミナがつくイメージをいだかせるホルモン焼きは、食糧難の時代にたいへん流行したようである。ホルモンを焼くうまそうな匂いと煙が人びとをひきつけ、たちまち人気料理となったのである。

関西では、焼き肉や内臓料理の伝統をもつ在日韓国・朝鮮人が、ヤミ市のホルモン焼きに出店することもあったことから、ホルモン焼きは韓国・朝鮮に起源する料理だと思われたらしい。

しかし、ニンニク、トウガラシ、醬油、味噌などで下味をつけた内臓を卓上で焼きながら食べるホルモン焼きは、朝鮮半島の伝統料理ではなく、日本で生まれた韓国・朝鮮風の料理である。

その後、コリア・タウン以外の場所でも在日の人びとが韓国・朝鮮料理店を開業するようになるが、主力商品はホルモン焼きと焼き肉であり、朝鮮料理店というよりも「焼き肉屋」とよばれるのが普通であった。

一九五〇年頃には、大阪の朝鮮料理店でテーブルをくりぬいて、カンテキ(七輪)をはめ、炭火で焼き肉やホルモン焼きを供するようになった。最初は串焼きや、焼き網を使って焼くことがおおかったが、しだいに鉄板や焼き鍋で焼くようになった。

かつての焼き肉店は煙がたちこめ、客の衣服に匂いがつくことがおおかった。だが、一九七〇年代後半に、日本の企業が無煙ロースターを開発し、現在では韓国にも輸出されるようになった。

焼き肉屋によって、キムチや朝鮮半島の冷麺を知った人もおおい。かつて「朝鮮漬け」とよばれた

献立表

19830822

夏の男のスタミナ朝鮮料理

プグォムチム

干し明太のあえもの

◆

ミョッチョフェ

ワカメの酢のもの

◆

ブッコチュチョンユォ

青とうがらしの衣つけ油焼き

◆

日本風朝鮮料理

ホルモン焼き

◆

ネンミョン

平壌冷麺

夏は女性だってスタミナ不足
野菜とともに大いにホルモンを食べて元気を出そう

キムチは、現在では日本でも日常的な食品となった。日本人が消費する漬け物の第一位がキムチで、タクアンや梅干しよりもはるかに大量に食べているのである。

世界各国のなかで、朝鮮半島の料理を供する店がいちばんおおい国は日本であろう。その日本でいちばんよく知られているのが、焼き肉、キムチ、冷麺である。それらの歴史をふりかえると、ヤミ市のホルモン焼きの店にたどりつくのである。

レシピ

プグォムチム(干し明太のあえもの)

〔材料〕
干し明太(スケトウダラの干物)2尾　トウガラシ味噌(コチュジャン)大匙1　醬油大匙2　塩大匙1
ねぎ・にんにく少々　砂糖大匙3　ごま油小匙3　煎りごま小匙3　糸とうがらし少々

〔下ごしらえ〕
1、干し明太をすりこぎなどの棒でたたいて皮をむき、骨を取り除く。身を食べやすい大きさにむしり、水を加え柔らかくほぐしておく。
2、ねぎ・にんにくは、こまかくたたいてから、小匙2杯量のみじん切りにしておく。

〔作り方〕
1、ほぐした明太の1/3に、塩少々、醬油大匙2、砂糖大匙1、ごま油小匙1、煎りごま小匙1、ねぎ・にんにくのみじん切り小匙1を入れて、手でよく混ぜ合わせる。

2、残りの明太の1／3に、1と同量の塩、砂糖、ごま油、煎りごまと、トウガラシ味噌を入れて混ぜ合わせる。
3、最後に残った明太1／3も、1と同量の塩、砂糖、ごま油、煎りごま、ねぎ・にんにくを混ぜ合わせる。
4、1は醤油で褐色に、2はトウガラシ味噌で赤色に、3は白色に仕上がっているので、一つの器に色どりよく盛り合わせ、上に糸とうがらしを飾る。

ミョッチョフェ（ワカメの酢のもの）

〔**材料**〕　四人分

生わかめ80g　きゅうり1本　長ねぎ1本　あおやぎ（バカ貝）100g　糸とうがらし少々　サラダ菜少々

〈調味料〉　酢大匙3　醤油大匙1　とうがらし味噌（コチュジャン）大匙2　味噌大匙1　すりにんにく小匙1　塩少々　砂糖小匙1杯半　煎りごま小匙2

〔**作り方**〕

1、生わかめは水洗いして、2～3㎝に切る。
2、きゅうりは、たて半分に切ったものをはす切りにする。
3、あおやぎは内臓を取り、塩を少々ふって軽く洗っておく。
4、長ねぎはせん切りにしておく。

5、調味料をよく混ぜ合わせておく。
6、ボールに1、2、3を入れ、5を加えて軽くあえる。
7、器にサラダ菜をしき、6をのせて、4と糸とうがらしをあしらう。
＊　あおやぎのかわりに、むきえび、いか、たこ、赤貝などでも可。

ブッコチュチョンユォ（青とうがらしの衣つけ油焼き）

〔**材料**〕
青とうがらし20個　牛肉100g　小麦粉大匙2　卵2個　サラダ油大匙3　醬油大匙1　ねぎ小匙1　にんにく2片　こしょう小匙1／3　すりごま大匙1杯半　砂糖小匙1／2　ごま油小匙1

〔**下ごしらえ**〕
青とうがらしは、太くて形のよいものを選んで縦割りにし、種をきれいに取り除く。
牛肉は、赤身の肉をこまかくたたいて挽き肉状にしておく。
ねぎ・にんにくは、こまかいみじんにする。

〔**作り方**〕
1、青とうがらしは、さっとゆで、よく水気を切る。
2、たたいた牛肉に、ねぎのみじん小匙1、にんにくのみじん大匙1、醬油大匙1、すりごま大匙1杯半、砂糖小匙1／2、こしょう小匙1／3、ごま油小匙1を入れて、よく混ぜ合わせる。
3、種を除いた青とうがらしのなかに2を詰める。

4、具を詰めた側にだけ小麦粉をまぶす。
5、よく溶きほぐした卵を、小麦粉をまぶした上につける。
6、フライパンにサラダ油を熱し、具を詰めた側を下にして焼く。上側は青とうがらしの鮮やかな色彩が損なわれないよう、さっとあぶる程度に焼く。挽き肉は火が通りにくいので、弱火でよく焼くこと。
7、お皿に盛りつけるときは、半分は青いほうを上に、半分は卵の黄色を上に、色の美しさを生かすように盛りつける。
* フライパンはよく熱してから油を入れること。

日本風朝鮮料理（ホルモン焼き）

〔作り方〕

1、タレは適当につくればよい。にんにく、砂糖、ごま油、すりごま、しょうが汁、刻みねぎ、醤油、味噌を混ぜると、そこそこ良い味になる。
* 味噌のかわりにコチュジャン、ほかに日本酒、リンゴ汁などを使うとよい。クッキングスクール開催時は、にんにく、砂糖、ごま油、とうがらし、日本酒、すりおろしたリンゴが入っていた。

ネンミョン（平壌冷麺）

〔**材料**〕　四人分

麺（乾麺、冷や麦を使用）500g　卵2個　豚正肉150g　きゅうり1本　リンゴ（ナシ・スイカでもよい）1／2個　チェリー4個　白菜かダイコンのキムチ150g　糸とうがらし少々　スープ7カップ（鶏がらスープの素でつくる）　松の実少々　錦糸卵少々　つま楊枝4本　ときがらし適量　酢適量　塩・こしょう　ごま油

〈調味料A〉　塩小匙2　醬油少々

〈調味料B〉　酢小匙1　醬油小匙2

〔**作り方**〕

1、豚正肉はフォークなどで穴をあけ、塩、こしょうをして、表面をごま油で軽く炒めた後、熱湯に入れて二〇分ほどゆで、薄切りにする。

2、卵はかたゆでにし、半分に切っておく。糸などを使って切ると、きれいに切れる。

3、きゅうりは縦半分に切ったものをはす切りにし、Bの調味料であえておく。

4、リンゴは薄切りにしておく。

5、キムチは短冊切りにする。冷麺用には、漬けたてのキムチより、むしろ浸かりすぎたくらいのものがよく合う。ふつうのキムチに酢と砂糖を加えて味をつけなおすと、ほどよい味になる。

6、スープはAの調味料で味をつけ、冷やしておく。

7、1、2、4とチェリーをいろどりよくかさねて、つま楊枝で止めておく。

8、上にのせる具の用意ができたら、麺は沸騰した湯のなかでしんがなくなるまでゆでる。途中、さ

し水を二、三回する。

9、ゆであがった麺を冷水のなかでよくもみ洗いし、ぬめりを取った後きつくしぼって器に入れる。

10、9に3、5、そして7をのせて、スープをそそぐ。

11、10に糸とうがらし、松の実、錦糸卵をあしらい、酢ときがらしを添える。

参考文献

全鎮植・鄭大聲(共著)『朝鮮料理のつくり方』農山漁村文化協会　一九八一年

廉楚愛(編)『手軽につくれる　韓国の料理』高麗書林　一九七六年

レシピ追記

プグォムチム(干し明太のあえもの)

朝鮮語でプグォは「干しタラ」、ムチムは「あえもの」のことである。

レシピでは、魚のタラを「明太(めんたい)」と記しているが、これは朝鮮語でスケトウダラを「明太(ミョンテ)」とよぶことに語源をもつことばである。

西日本ではタラの魚卵であるタラコを明太子(メンタイコ)とよび、それをトウガラシなどで調味して漬けたものを辛子明太子(カラシメンタイコ)という。辛子明太子は、朝鮮半島で食べられた明卵漬(ミョンランジョッ)というタラコをニンニクやトウガラシの調味料で漬けた食品に由来する。これを福岡の業者が日本人の嗜好にあうように改変して売りだしたのが、博多名物の辛子明太子である。

スケトウダラやその干物は、朝鮮半島で日常的にもちいられる食材であり、干物でつくったスープは二日酔いの特効薬であるとされる。

ミョッチョフェ（ワカメの酢のもの）

日本人は、世界でいちばん海藻をよく食べる民族といわれる。そのつぎに海藻食がさかんなのが、三方を海に面した朝鮮半島の民族であろう。

朝鮮民族はワカメが好きで、誕生日にはワカメのスープを食べる習慣がある。韓国での一人あたりのワカメの消費量は、日本人の三倍に達するという。

おなじ東アジアでも、海岸線の短い大陸国家の中国では海藻食が発達しなかった。中国ではワカメを食用にすることはなかったが、近年になって日本のワカメ養殖技術を導入し、日本へワカメを輸出するようになり、中国市場にワカメが出回るようになったので、中国人もワカメを食べるようになった。

ブッコチュチョンユォ（青とうがらしの衣つけ油焼き）

この料理をつくるとき肝心なのは、鷹の爪のような小さく、辛味がつよいトウガラシではなく、適度な辛味をもち、詰め物をするのに都合のよい大きさの青トウガラシを選ぶことである。ただし、青ピーマンは辛味がたりず、大きすぎて詰め物に火が通らないため、適していない。

日本風朝鮮料理(ホルモン焼き)

好みにまかせてつくったらよいので、レシピに詳しいつくりかたは記さなかった。好みのモツ(内臓)を、タレに一〇分ほど漬けてから、フライパンで焼く。このとき、ニラ、モヤシなどを炒め、肉と一緒に供する。

ネンミョン(平壌冷麺)

クッキングスクールを開催した当時は、国立民族学博物館の付近の食料品店では朝鮮冷麺を売っていなかったので、冷麦で代用した。現在では朝鮮冷麺用の乾麺や生麺も入手できるようになった。

平壌冷麺については、「家庭でつくれる朝鮮宮廷料理」の項を参照されたい。

箸の文化圏

現在、世界人口の約四〇%が手づかみで食事をし、箸で食べる人びとと、ナイフ、フォーク、スプーンをもちいて食べる人びとは、それぞれ三〇%であるという。

箸の使用は古代中国にはじまり、戦国時代頃から箸による食事が普及した。匙は新石器時代から発見されるが、殷《いん》代頃から普及したと考えられる。前漢末には匙と箸をセットにして容器に収納した記録があり、この頃にはすでに箸と匙を併用して食事をする風習が成立していたことがわかる。

現代の中国では、匙を使用するのはスープのような汁気のおおい料理や粥を食べるときに限定されているが、明代になるまでは飯も匙で食べていた(1)。

中国料理店や宴会での食事のさいは陶製の匙であるチリレンゲが供されるが、民衆の家庭での日常の食事のときには匙なしで、碗に口をつけて汁を飲むこともおおい。箸が主、匙が従というのが一般的な食事のしかたである。

五二五年に埋葬された百済《くだら》の武寧王陵から出土した青銅製の箸と匙が、朝鮮半島の民族が箸を使用した最古の資料である。以後、朝鮮半島では金属製の箸、匙、碗をもちいて食事をするようになった。現在でも、スープや水キムチだけではなく、主食である飯も匙をもちいて食べるのが、朝鮮半島の食事作法である。古い中国の習慣が現代にまでひきつがれていることになる。

日本で考古学的遺物として箸が発見されるのは七世紀末からであり、八世紀の奈良時代の首都である平城京での考古学的調査による箸の出土状態を検討すると、宮廷や役所では箸で食事をしたが、まだ民衆の家庭では手づかみで食事をしていたようである。八世紀末に短期間だが首都となった長岡京跡からは、一般人の居住区であった地域からも箸が発見されるので、この頃には民衆のあいだにも箸を使用して食事をすることが普及したようである(2)。

三世紀の日本について述べた『魏志倭人伝《ぎしわじんでん》』に、倭人は「手食す」と記述されている。中国では箸を使用して食事をするのが文明人のマナーであり、手づかみで食べるのは野蛮人という観念をもっていたようである。その文脈でいえば、日本人は八世紀後半になって、ようやく文明化した食事をするようになったことになる。

奈良・平安時代の宮廷での公式の宴会では、貴族たちは当時の中国式にならって、箸と柄《え》の長い金属製の匙をもちいて食べていた。しかし、匙をもちいて食事をすることは民衆には浸透しなかった。金属の匙は高価であり、口につけても熱くない木製の椀が民衆の食器であったので、匙は必要なかったのである。

箸をもちいて食事をする風習は、歴史的に中国文明の影響がつよかった地域、すなわち漢族以外の少数民族もふくむ中国、朝鮮半島、日本、ベトナム北部に普及した。

箸を使用して食事をする地域での料理に共通することは、できあがった料理を箸でつまみあげることができるよう、下ごしらえのさいに、材料を小さく切っておくことである。そこで、まな板が台所の必需品とされてきた(3)。

世界には、まな板のない台所もある。手にもったまま野菜を切って鍋や容器に落としたり、料理用のテーブルに直接食材を置いて切ったりするのだ。

現在のヨーロッパでは、英語でカッティング・ボード(cutting board)、あるいはチョッピング・ボード(chopping board)という板状の小さなまな板が普及しているが、台所にまな板のない家庭もある。ヨーロッパの食卓では、かつては大きな肉塊などを家長が小さく切って家族に配分したが、ナイフ、フォーク、スプーンをもちいるようになると、各自が配分された料理を皿のうえで一口の大きさに切って食べるようになった。

手づかみで食事をする地域では、皿状の食器に食物を盛る。なぜなら、小さな碗形の食器には指をいれることが困難だからである。

すなわち、碗形の食器が発達したのは、箸の文化圏においてである。

(1) 青木正兒「用匙喫飯考」『青木正兒全集　第九巻』春秋社　一九七〇年
(2) 佐原真「箸と茶碗」『食の考古学』東京大学出版会　一九九六年
(3) 日本の包丁やまな板について、くわしくは左記の文献を参照されたい。
石毛直道「包丁とまな板」『日本の食文化史――旧石器時代から現代まで』岩波書店　二〇一五年

料理観の比較〜中国と日本

中国の家庭の台所では、丸太を厚く輪切りにしたまな板を使用し、菜刀(ツァイダオ)という大きな長方形で重量のある中華包丁一本で、すべての料理をつくる。肉をたたき切るには、鉈《なた》のように重量感のある包丁と、分厚いまな板が必要なのである。

現在の日本では、ステンレスの文化包丁と果物ナイフ、プラスチックのまな板だけですませる家庭もある。しかし、かつては木製で長方形の板状のまな板と菜切り包丁、出刃包丁、刺身包丁の三種の包丁が台所の必需品とされていた。

プロの料理人は、ハモ切り包丁、アジ切り包丁、ウナギ裂き包丁、タコ引き包丁、餅切り包丁……など、さまざまな包丁を使いわける。日本ほどさまざまな形態の包丁があり、料理材料の種類に応じて使いわける国はないであろう。

現在では「板前」ということばが、料理人をしめす一般名称であるが、本来の「板前」「花板」は、「まな板」のまえに位置する料理長の意味であった。

大きな日本料理店の調理場で働く料理人は、野菜や魚を洗ったり、魚のウロコをとる「洗い方」、魚などを焼く「焼き方」、煮物をつくる「煮方」などに分業化されている。そのなかで最高の地位にあるのが「板前」で、刺身を引くまな板のまえに位置して、調理場全体の監督をするのであった。ながいあいだ肉食が禁止されていた日本では、魚がご馳走であり、魚料理の王座を占めるのが刺身であった。生の魚肉を切っただけの、異文化からみれば「料理の範疇にはいらない料理」が、日本では最高の料理とされたのである。

中国でも、かつては生肉や生魚をナマス(膾、鱠)にして食べることがおこなわれた。孔子は論語で「膾不厭細」(ナマスは細きを厭《いと》わず)と述べている。生の肉や魚を細かく刻み、薬味と調味料をあえて食べたのである。しかし、明代(一四世紀後半)以後、ナマスはあまり食べられなくなる。近代にちかづくほど、生ものを食さなくなるのが、中国の食文化のたどった道筋である。

一七世紀初めの朝鮮半島でつくられた『芝峯類説《しほうるいせつ》』という書物には「いまの中国人は膾を食べない。干した肉でも、かならず煮て食べる。かれらは、わが国(朝鮮)の人が膾を食べるのを見て笑う」と記されている。

一八世紀になると、南部の広東省、福建省でしか「魚生(ユィサン)」という魚のナマスを食べなくなった。海岸線が短い中国のことである。淡水魚のナマスが一般的であり、寄生虫に感染する危険があるということで、現在は政府の指導により中国本土では魚生を食べなくなった。

しかし、中国南部出身の華僑のおおいシンガポールでは、中国の旧正月である春節には縁起のよい食品として海産魚の魚生を食べることがおこなわれている。

朝鮮半島では、肉をユク、ナマスをフェというので、牛肉のナマスをユッケという。ユッケを漢字で表記すると肉膾である。ユッケは生の牛肉の細切りを、トウガラシ味噌であるコチュジャン、酢、ゴマ油などであえて食べることがおおい。

生の魚介類のナマスを「生鮮膾(センソンフェ)」という。酢やコチュジャンなどであえるほか、日本の影響でワサビ醤油で食べることもある。

現在の中国の食卓では、果物以外に生で食べる食品が供されることはほとんどない。近代の中国料理には、野菜サラダのような生の食材を食べさせる料理はないようである。

日本の中国料理店では、「搾菜(ザーツァイ)」や「泡菜(パオツァイ)」などの漬け物を生で食べさせることがある。それは、食事には漬け物がつきものという日本人の食事観にあわせて供しているのであろう。

中国では漬け物をそのまま食べることはまれである。漬け物は炒め物に加えるなど、火熱を使った料理の材料に使用される保存食材として使われる。

料理とは「食材に火熱を加えて加工する技術である」というのが、中国人の料理観のようである。「炒(チャオ=炒める)」、「清炒(チンチャオ=塩味で炒める)」、「爆(バォ=強火ですばやく炒める)」、「煎(ジエン=少量の油で焼き目をつける)」、「烤(カオ=直火で焼く)」、「炸(ザオ=大量の油で揚げる)」、「煮(ズゥ=スープで煮こむ)」、「燜(メン=揚げてから煮こむ)」、「炖(ドゥン=長時間煮こむ)」、「蒸(ゼン=蒸す)」、「清蒸(チンゼン=塩味で蒸す)」……とは、中国料理の加熱方法をしめす語彙の一部を例示しただけであり、もっとたくさんのことばがある。

宋代以後、ラードやゴマ油などの油脂をもちいて、強い火力で炒め煮にする料理法が発達した。そのための調理道具である半円形の中華鍋が、中国の台所の必需品となった。

すべての食材を火熱で加工し、「醬(ジャン)」と総称される発酵調味料と香辛料をもちいて複雑な味つけをするのが、中国料理の特色である。

素材の持ち味を重視する伝統的日本料理では、サンショウ、ワサビ、カラシ、ユズなどの香辛料は、薬味として料理の味を引き立たせるために、料理ができあがってから加えられるのが普通である。中国料理では、主材料と一緒に複数の香辛料や調味料を加えて加熱し、油脂とともに香辛料や調味料の複雑な香りを効果的にひきだし、もっとも香りがたかい、できたての料理を食べる。

このような中国の伝統的料理には、「料理とは、そのままでは食用にならない材料に、人間が技術を駆使して食用可能なものに変化させ、自然には存在しない味を創造することである」といった主張がうかがえる。

たとえば、広東人たちは自らの料理技術を誇って、「四本足のもので食べられないのは机だけであり、二本足で食べられないのは両親だけ。翼があるもので食べられないのは飛行機だけ。水に潜るもので食べられないのは潜水艦だけ」と、なんでも食用可能なものに変えることができると豪語する。

それにたいして、伝統的な日本の料理観では、人工的技術は最小限にとどめ、なるべく自然にちかい状態で食べるべきだ、ということが強調される。著名な日本料理人たちは「料理技術よりもたいせつなのは、新鮮な素材をえらびだして、材料の持ち味を生かす能力である」、「料理人が避けるべきことは、料理のしすぎである」というような主張をつづけてきた。

日本の高級料理は、「料理をしないことこそ、料理の理想である」というパラドキシカルな料理観にささえられてきた。この「料理をしない料理」の代表が刺身である。

中国家庭料理

一九八二年七月に開催されたクッキングスクールでは、わたしが中国の家庭で食べた、手軽につくれるレシピを紹介した。献立表には「山東省の家庭料理」のあとに「四川省の家庭料理——オードブル」と記されているが、正式にはオードブルを先に記載すべきであろう。

また、「山東省の家庭料理」のなかに「揚州炒飯」が記されているが、揚州は江蘇《こうそ》省にある都市である。なぜ、江蘇省の料理が山東省の家庭料理にでてくるのか、読者は疑問に思われるかもしれない。

中国各地で、さまざまな具材と米飯を炒めた五目チャーハンを「揚州炒飯」とよぶのである。なぜ揚州という地名がついたのかについては諸説あるが、はっきりしたことはわからない。そこで「揚州炒飯」は五目チャーハンの代名詞として解釈してよいであろう。

あらためてレシピを見ると、いずれも山東省に起源する料理というわけではなく、現在の中国の家庭ではよくつくられる料理ばかりである。

そこで、メニューには「山東省の家庭料理」ではなく「わたしが山東省の家庭で食べた料理」と記すべきであったと思う。

中国では川菜(チュアンツァイ)とよばれる四川省の料理は、トウガラシ、サンショウなどの香辛料

献　立　表

19820702

中国家庭料理

◆

山東省の家庭料理

青椒炒肉片

炒鶏蛋
(中国風オムレツ)

搾菜黄瓜湯

揚州炒飯
(五目チャーハンの代名詞)

◆

四川省の家庭料理―オードブル

油辣子海椒
(唐辛子のたれ)

涼拌口条
(タンのゆでたもの)

白切鶏
(鶏のゆでたもの)

蒜泥涼拌豇豆

いろいろある中国料理の中から辛くないものと
辛い味の料理をとりまぜて教えていただきました

を多用し、「麻辣（マーラー）」という辛くて痺れるような刺激的な味つけが特色である。レシピにあげた「油辣子海椒」は、そのような味つけをするソースの代表的なものである。なお、この回は一部使用する食材と分量の記載がなかった。

レシピ

青椒炒肉片（チンジャオロース）

〔作り方〕

1、汁なべに油をいれ、八角、千切りのねぎを加えて加熱する。

2、煙がでるようになったら、片（うす切りのこと）に切った豚肉（片栗粉をふるとよい）をいれて強火で炒める。

3、豚肉の色が少し変わったら、醬油をいれて一分間くらい炒めた後、ピーマン（青椒）を片に切ったものをいれ、塩、味の素で味をととのえる。

＊ 四川風にするときは豆板醬（トーバンジャン）をはじめに加えるとよい。

炒鶏蛋（チャオジーダン＝中国風オムレツ）

〔作り方〕

1、溶き卵のなかに、にんにくのみじん切り（好みに応じて）、ねぎの千切り、塩をいれてかき回す。

2、汁なべに植物油をたっぷりいれ、煙がでるようになったら、溶き卵をいれて、油に卵を混ぜるように手早くかき回す。
3、卵がかたまるか、かたまらないかくらいの柔らかさに約三〇秒で仕上げて、皿に盛る。

搾菜黄瓜湯（ザアツァイハングアタン　ザーサイのスープ）

〔材料〕

搾菜（ザーサイ）　きゅうり　スープの素

〔作り方〕

1、搾菜をうす切りにして、スープにいれる。
2、きゅうりの種をとって、細長く切り、スープにいれて煮る。
3、きゅうりが透きとおり、柔らかくなったら出来上がり。

揚州炒飯（ヤンジョウチャオファン　五目チャーハンの代名詞）

〔材料〕

ハム　たけのこ　干ししいたけ　芝えび　卵　鶏肉　鶏の砂肝　えんどう豆　ご飯　植物油　塩　胡椒　味の素

〔作り方〕

1、ハム、たけのこ、干ししいたけ、芝えび、鶏肉、鶏の砂肝は、小さい角切りにする。
2、下ごしらえ——えんどう豆はゆでておく。干ししいたけはもどして、できれば鶏肉とスープで煮ておくとよい。

3、中華鍋に油を敷き、ハム、たけのこ、ゆでたえんどう豆、芝えび、鶏肉、鶏の砂肝を炒め、塩、胡椒で味つけをし、小皿に取りわけておく。

4、中華鍋に油をたっぷりいれて熱し、卵を割っていれてかき混ぜる。卵がかたまらないうちにご飯をいれて、卵が飯粒より小さくなるよう、手早く混ぜる。塩、味の素をいれる。

5、卵がかたまったら、3の具をいれる。

油辣子海椒（ユーラーズハイジャオ　唐辛子のたれ）

〔**材料**〕

なたね油　粉唐辛子　花椒　にんにくのみじん切り　醬油　味の素

〔**作り方**〕

すべてを混ぜる。粉唐辛子、花椒の量をけちらないこと。

涼拌口条（リャンバンクォチャオ　タンのゆでたもの）

〔**材料**〕

牛舌（牛タン）　八角

〔**作り方**〕

1、牛舌を八角と一緒にゆでて、一口大に切る。切ってからゆでてもよい。

2、冷めてから油辣子海椒であえて供する。

白切鶏(パイチエジー　鶏のゆでたもの)

〔**材料**〕

鶏一羽あるいは骨つき手羽肉　ねぎ　しょうが

〔**作り方**〕

1、内臓をとった丸鶏、あるいは骨つき手羽肉を、ねぎ、しょうがと一緒に水からゆでて冷ます。

2、冷めてから油辣子海椒であえて供する。

蒜泥涼拌豇豆(スゥアンニーリャンバンガンドゥ　ささげのゆでたもの)

〔**材料**〕

ささげ

〔**作り方**〕

1、ささげを数cmの長さに切ってからゆでる。

2、冷めてから油辣子海椒であえて供する。このとき油辣子海椒に加えるにんにくの量をおおくする。

レシピ追記

青椒炒肉片

「青椒」とは、ピーマンのことである。

肉とピーマンを糸切りにして炒め、豆板醤で辛味をつけた料理は、四川省で「青椒肉絲（チンジャオロース）」という料理になる。

「八角」は、中国料理によく使用される代表的なスパイスである。中国原産の植物で和名をトウシキミという木の実を乾燥した香辛料で、八個の袋果《たいか》が星形に配置されているので「八角」とよばれる。セリ科の植物である茴香（ういきょう　英語でフェンネルとよぶ）や、おなじくセリ科で西洋料理に使用されるアニス（西洋茴香）と香り成分が共通するため、英語ではスターアニスとよばれる。固形の八角は香りがつよいので、ほんの少量を料理に加えるだけでよい。粉状に加工した商品が日本でも市販されているので、それを使用してもよい。

八角、ねぎを炒めるとき、切ったトマトも加えると、西紅柿炒鶏蛋（シンホンシイチャオジーダン）、あるいは蕃茄炒蛋（ファンチェチャオダン）とよばれる料理になる。これらも、青椒炒肉片とならぶ家庭料理として中国全土に普及している。

炒鶏蛋（中国風オムレツ）

オムレツというよりは、スクランブルドエッグと表記したほうがよさそうである。

溶き卵を炒めるさいに、先に炒めておいたトマトを加えると前述の「西紅柿炒鶏蛋」という料理になる。これも中国の家庭で日常的に食べられるメニューである。

搾菜黄瓜湯

オードブルの涼拌口条と白切鶏をゆでた汁に、塩、コショウで味つけし、スープをつくる。または、市販の中華スープの素を使用してもよい。搾菜は塩味がつよいので、水に漬けて塩抜きをしてから使ってもよい。

搾菜は四川省の漬け物であるが、一九三〇年代から中国全土に普及するようになった。生ものを食べない中国のことである。漬け物は、料理の材料として使う野菜の保存食品としてつくられてきた。そこで、搾菜もそのまま食べるよりも、料理の具材として使用することがおおい。

中国ではキュウリを「黄瓜」と漢字表記するが、「木瓜」「胡瓜」とも記された。「黄瓜」「木瓜」を日本語読みした「キウリ」がキュウリの語源であるという。インド北部からヒマラヤ山麓原産のキュウリが、シルクロードを経由して中国に伝えられたので、胡瓜とも記載されるようになった。

揚州炒飯

レシピでは肉の具材として、オードブルで使用した鶏肉、煮た鶏の砂肝を具材にもちいているが、ハムや「叉焼（チャーシュウ　焼き豚）」を使ってもよく、その場合には煮る必要はない。

油辣子海椒

「海椒」はトウガラシをしめす方言。

〔材料〕の項に記されている「花椒(ホアジャオ)」とはカホクサンショウをしめす。日本のサンショウとは異種であり、日本では区別するために「四川山椒」「中国山椒」と表記されることもある。

「油辣子海椒」は、四川料理によく使われるトウガラシや植物油でつくる辛味の調味料である。

涼拌口条

「口条」とは、中国語でウシやブタの舌肉(タン)をしめす。そこで「涼拌口条」は「タンのあえもの」といった意味となる。

白切鶏

「白切鶏」を、日本では「蒸し鶏」と訳すことがおおいが、中国では蒸すのではなく、ゆでるのが普通である。クッキングスクールは参加者がおおいので、全員が試食できるように丸鶏を使用したが、家庭では手羽あるいは胸肉をもちいればよい。

蒜泥涼拌豇豆

すりおろしたり、つきつぶしたニンニクを蒜泥という。豇豆はササゲのことで、「ササゲのニンニクあえ」とでもいった料理名となる。

餃子談義

わたしが忙しいときには、親友の程一彦さんと奥村彪生さんに、クッキングスクールの臨時講師をお願いすることがあった。程さんは中国料理、奥村さんは日本料理の料理人である。二人とも関西を中心に活躍する著名料理人で、毎週のようにテレビに出演しているし、料理本もたくさん刊行している。だが、天下の名料理人にたいするクッキングスクールの講師謝礼は、終了後に博物館の近くにあるわたしの家で、一杯ご馳走するという、なんとも申し訳ないものであった。

このときは、中国の家庭料理を紹介したいというわたしの要望にたいして、程さんが知りあいの上海からの留学生の周さんを連れてきて、彼女の家でつくる上海風水餃子と野菜サラダ風の料理を実演してもらった。

ここで、餃子談義をすることにしよう。

中国の「餅」はコムギ粉食品

中国で餃子は「餅」の一種として発達した食品である。餅といっても、モチ米で餃子の皮をつくったわけではない。

日本で餅（モチ）といったら、モチ米を搗いた食品のことであるが、古典中国語での餅（ビン）という文字は、コムギ粉を原料とした食品をしめす。現代でも、月餅（ユエビン）、焼餅（サオビン）、煎餅（ジェンビン）などコムギ粉を使った食品名に餅の文字が使用されている。

日本でも、古くは煎餅（センベイ）といったらコムギ粉を円盤状に成形して焼いた食品であった。草加煎餅のように、ウルチ米の粉でつくった煎餅が流行するのは、江戸時代になってのことである。

コムギは中国原産の作物であると主張する学説もあるが、一般には紀元前七〇〇〇年頃メソポタミアで栽培作物化したものとされている。

コムギは粉にして食べる作物である。効率よく製粉できる回転式の石臼《いしうす》とコムギがセットになって、シルクロードを経由して中国に伝えられたのが、戦国時代（紀元前四〇三〜二二一年）のことである。以後、華北平野で回転式の石臼の出土例が増加していることから、漢代に、それまでのアワの粒食にかわって、コムギの粉食が普及したものと考えられる。

麺条と麺片

ユーラシア大陸の西側におけるコムギ粉食品の主流は、パンやナンなど、焼いたものである。中国文明の中心地帯である華北でコムギ栽培が発達すると、湯餅（タンビン）という中国独自の料理法が発達した。これは、練ったコムギ粉食品を、ゆでたり、スープで煮て食べる料理法である。麺類や水餃子は湯餅である。

それは、古代から中国では、箸と碗を使用して食事をする習慣があったことに関係する食べかたである。碗形の食器にいれた熱いスープのなかの湯餅を、箸でつまんで食べたのである。

中国古代の書物『礼記《らいき》』に、箸は汁のなかの具をつまむのに使用すると述べられている。このような伝統がコムギ粉食品の食べかたに応用されて、湯餅が成立したものと、わたしは考える。粘り気をだすグルテンを含むコムギ粉は、練ってから、薄くのばしたり、紐状に長くすることができる。薄くしたり、紐状にすると表面積が増大し、スープのからみがよくなるし、短時間での熱処理も可能になる。箸や碗を使えば、火傷《やけど》の心配をせずに、熱いスープにいれたコムギ粉食品を食べることができる。このような理由で、中国で湯餅が発達したのだろう。

湯餅は、麺条(ミェンチャオ)系列と、麺片(ミェンピェン)系列に大別される。麺条とは、コムギ粉を紐状にのばしたウドン、ソウメンのような麺類である。イタリアの麺状のパスタは、中国から伝播した麺類が起源である可能性がたかい[1]。

紐状に加工せず、平たくのばしたものを、ゆでたり、スープで煮て食べる食品が麺片である。名古屋名物のキシメンは、幅のひろいウドンであるが、その語源といわれる古代中国での「棊子麺(キィジミェン)」は、コムギ粉を薄くのばして方形に裁断した麺片である。

この麺片に肉、魚、野菜類の具を包んで、加熱して食べる料理が、餃子や雲呑(ワンタン)である。麺片で具材を包み、煮て食べる食品を、古くは「餛飩(日本語読みで、こんとん)」といった。現在の中国北部では「餛飩」という文字でワンタンをしめすが、広東語では「雲呑」と表記する。

隋代の顔之推《がんしすい》が「いまの餛飩は半月形をしている」と記録しているので、この頃には餃子形の餛飩があったことがわかる。別の文献で、餛飩をゆでて食べることが記されているので、水餃子と雲呑はおなじカテゴリーの食品とされていたのだろう。

新疆《しんきょう》ウイグル自治区のトルファン盆地にある唐代の古墳の副葬品から、現在の餃子とおなじ形をした食品が発掘された。砂漠地帯なので、腐敗もせずに食物が残存したのである。わたしも現地の博物館で見たが、まさしく現在の餃子とおなじ形をした食品であった。コムギ粉の皮で肉を包んで加工した食べもので、ゆでるか、蒸して熱処理をしたものと推定されている。

その後、餃子形の食品は、交子、扁食、角子、粉角、餃餌、餃児などという文字で記載され、餃子、水餃子という現在同様に記載されるのは清代になってからのことである。

餃子の伝播

中国に起源する餃子が、中国の周辺地域に伝播したことを、中国語に起源する餃子の名称からさぐってみよう。(2)

マントウ系列＝現在の北京語で「饅頭(マントウ)」といったら、コムギ粉に酵母を加えて発酵させたのち、蒸してつくる中国式の蒸しパンのことである。コムギ粉の皮で、肉や野菜などの具材を包んで蒸した食品は「包子(パオズ)」という。包子は発酵させた皮で餡をくるむのが普通で、日本では「肉饅(にくまん)」、中国語では「肉包子(ルゥパオズ)」という。しかし、発酵させない皮を使用して包子をつくることもあり、となると小形の包子と蒸し餃子の区別はむずかしくなる。

宋代の記録では、饅頭には具材をいれるものと、いれないものがあると記されているので、饅頭と包子を区別していなかったようである。現在でも、江蘇省や浙江《せっこう》省では包子を饅頭とよぶそうだ。いっぽう、日本で饅頭《まんじゅう》といったら甘い餡を包んだ菓子のことになる。

饅頭、包子、餃子を区別しない時代に、中国から伝わった餃子系の食品をマントウ系のことばでよぶ地域がある。

朝鮮半島で「マンドウ」といったら、普通は餃子をスープで煮たもののことであるが、水餃子や蒸し餃子にあたるものも「マンドウ」とよぶ。

いっぽう、トルコでは餃子状の食品を「マントゥ」とよび、トルコ系の民族の国である中央アジアのウズベキスタンでは「マントゥイ」、中国の新疆ウイグル自治区のトルコ系住民は「マンタ」とよぶ。これらは、中国のマントウという名称が、シルクロードのトルコ系の民族によって西方に伝えられたものと考えられる。

ボーズ系列＝モンゴルでは焼売《しゅうまい》形の蒸し餃子を「ボーズ」というが、それは包子に語源をもつとされる。水餃子を意味する「バシン」も中国の扁食に起源することばであるとされる。

モモ系列＝チベット高原やネパールでは餃子状の食品と、具材をいれないマントウ状の食品を、「モモ」と総称する。内モンゴル自治区では、具のない饅頭と包子の両方をモモというが、これらは中国語の饃饃に起源する名称といわれる。中国本土の陝西《せんせい》省や山西省でも、マントウ状の食品を饃饃と表記する地方がある。

モンゴル帝国が餃子をひろめた？　これらの中国語起源の名称が分布する場所は、中国から餃子状の食品が伝播した地域と考えてよいであろう。その分布域は、一三世紀後半に中央アジア、西アジア、東欧の一部まで支配したモンゴル帝国の版図と、その隣接地帯にほぼ一致する。

中国の餃子と日本の餃子

昭和一五年頃の東京では、餃子を食べさせる店は二、三軒しかなかったという。敗戦後の昭和二〇年代前半に、餃子店が短期間に全国に普及した。旧満州から引き揚げてきた人びとが、餃子を流行させたのである。

旧満州は、山東省出身の漢族がおおく入植して山東料理を伝えた地域である。山東省は中国のなかでも、餃子の本場といわれる。わたしが山東省で食べた餃子と、日本の餃子を比較してみよう。

中国で一般的な餃子料理は、ゆでて食べる「水餃(シュイジャオ)」、すなわち水餃子である。水餃をつくるときは、刻んだブタ肉に塩や醬油、油などで味つけをし、刻んだニラや白菜を加えて、皮で包む。日本の焼き餃子の皮にくらべると厚手の皮で、半月形ではなく円形に包むこともあり、焼売に似た形状の餃子もある。これをゆでて、食べる。

水餃は日常的につくられる家庭料理で、主食的な食品としてたくさん食べられ、行事や来客のさいにもよく供される。「餃子(チャオズ)」ということばの発音が、子を授かるという意味の「交子」となじで、清代の銀貨に形が似ているということから、縁起のよい食べものとされている。そこで大晦日には更歳餃子(ガンスイチャオズ)といって、「年越し餃子」を食べる習慣もある。このとき餃子のなかにコインをしのばせておき、硬貨のはいった餃子にあたった者は、新年が幸運な年になるとされる。

日本の焼き餃子にあたる「鍋貼(グォティエ)」は、中国ではあまり食べられない。鍋貼をつくるには、家庭で使用する鍋底のまるい中華鍋ではなく、専用の平鍋が必要なので、家庭ではつくらず、店で食べる料理とされる。

外食店でも、ゆでたり、蒸して餃子を供するのが普通である。

日本の焼き餃子の具には、白菜のかわりにキャベツを使用し、ニンニクをいれるのが常道であるが、中国では具にニンニクをいれることはない。そのかわり、卓上に皮をむいた生ニンニクを置き、それをかじりながら餃子を食べるのが一般的である。

レシピには、餃子のタレが記載されていないが、中国酢に醤油などを加えたタレをつけて食べることは、水餃子でも鍋貼でもおなじである。

日本の焼き餃子のタレは、酢、醤油、ラー油(中国では辣油と表記する)を主材料としている。四川料理の紅油水餃も、ラー油と醤油、酢などを材料とするタレをつけて食べる。それが、日本の餃子のタレにラー油がつきものとなったことの起源であろうか?

日本の焼き餃子は、中国に起源しながら日本独自に変形された食品である。現在の中国では、これを「日式餃子」といって、食べさせる店も出現している。

(1) 麺の起源や伝播について、くわしくは左記の文献を参照されたい。
石毛直道『麺の文化史』講談社学術文庫　二〇〇六年

(2) 餃子の伝播について、左記の文献から引用している。
石毛直道「餃子ロードをさぐる」『vesta』No. 83(特集　世界の餃子とその仲間) 財団法人味の素食の文化センター　二〇一一年

献 立 表

19860728

水餃子

◆

涼拌蕃茄

程先生が上海からの留学生周さんとお知り合いになり
彼女に上海風水ギョウザを披露していただきました
日本語も上手で、なかなか厳しい指導でした

レシピ

水餃子（シュイジャオズ）

〔**材料**〕 五人分

白菜100g　ひき肉（豚・鶏）350〜500g　薄力小麦粉750g　ニラみじん切り・サラダ油・ゴマ油・塩・味の素・醬油各適量

〔**作り方**〕

〈具の作り方〉

1、白菜はあらって、みじん切りにして、水気をよくきる。ニラを細かく切る。

2、ひき肉をボウルにいれ、水を少し加え、やわらげる。醬油、サラダ油、塩、味の素、ゴマ油を順にいれてよく混ぜる。

3、2に白菜をいれてよく混ぜる。

4、包む直前にニラをいれる（早くいれてしまうと、味がかわるため）。

〈皮の作り方〉

1、薄力小麦粉をいれたボウルに水を少しずつ加え、耳たぶ程度の柔らかさにする。できた生地を濡れたナプキンで包んで、一時間くらいおく。生地がなめらかになって、しだいに弾力がでてくればOK。

2、生地を直径1・5㎝くらいの棒状にのばし、同じ大きさにちぎる。手のひらで軽くつぶし、麺棒で薄く丸くのばす（くっつけないため、小麦粉を少しずつかける）。

＊　生地を丸くのばすとき、具をいれても破れないように、真ん中を少し厚目にのばすのがコツだったように思う。

〈包み方と煮方〉

1、皮を手のひらにのせて、上に具を大匙1くらいのせ、まず二つ折りにし、縁の真ん中をくっつけて、両側から小さなひだをとりながら包む。

2、まな板などに並べるが、このとき底の部分に紙を敷き、小麦粉を少しかける。

3、たっぷりの熱湯をわかし、湯をかき混ぜながら餃子をいれる。浮いてきたら押しかえして、また戻ってきたらできあがり。

涼拌蕃茄（リャンバンファンチェ）

〔**材料**〕

ダイコン、ニンジン、キュウリ、カリフラワー、ブロッコリー各150g　レモン1個

〈トマトソース用〉　缶詰のトマトソースかトマトケチャップ100g　酢1／2カップ　砂糖大匙1　塩・胡椒・赤トウガラシ粉

〔**作り方**〕

1、ボールにトマトソースの材料をあわせておく。

2、カリフラワーとブロッコリーは小房に分け、さっとゆでる。ニンジンは半月切り、キュウリは輪切り、ダイコンはいちょう切り、レモンは半月切りにする。

3、2を1に漬け、一晩くらいおいて味をなじませて食べる。

レシピ追記

涼拌蕃茄

涼拌蕃茄の「蕃茄」とは、中国語でトマトをしめす。

中国が世界の中心であるとする中華思想からすると、「蕃」とはヨーロッパなど西方の民族をしめす。「茄」はナスのことである。アンデス原産のトマトを、ポルトガル人などが中国に伝えると、漢字で「西方のナス」という意味の蕃茄と表記するようになったそうだ。日本でもトマトということばが普及する以前には、「蕃茄(バンカ)」、「赤茄子(アカナス)」、「唐柿(トウシ)」などとよんだ。

生ものを食べない中国にしては珍しい洋野菜をもちいたサラダ風の料理である。また、欧米の調味料であるトマトソース、トマトケチャップを使用するので、中国の伝統料理ではなく、西洋料理に起源するものであろう。

今回の講師である周さんが、はやくから国際都市化した上海の出身であるため、水餃子に涼拌蕃茄というとりあわせになったのであろう。

程さんの台湾料理

程さんと台湾料理

講師の程一彦さんは、私の親しい友人である。(1) 台湾料理の名店「龍潭《りゅうたん》」のオーナーシェフであり、NHK「きょうの料理」などテレビ番組でも活躍している。「料理の鉄人」という著名な料理人と技を競いあうテレビ番組に出演し、この番組史上はじめて鉄人に勝ったこともある。いっぽう、ジャズシンガーとしてリサイタルを開催するなど、幅広い趣味をもっている。

程さんは、戦前に台湾電力の技師として台湾に駐在していた日本人のお父さんと、台湾の旧家出身のお母さんとのあいだに生まれた。

敗戦後、両親がJR大阪駅前の梅田のヤミ市で小さな中華料理店を開業すると、小学校二〜三年生の頃から店の手伝いをした。大学卒業後、香港、台湾で本格的な料理の修業を重ね、帰国後、両親の営む「龍潭」を「台湾料理　龍潭」と改名して、大阪で本格的な台湾料理を供する店にしたてあげた。

かつて高砂族(たかさごぞく)といわれた台湾の原住民は、マレー＝ポリネシア系の民族である。

一七世紀頃から中国南部の福建人や客家人《ハッカ》が移住し、人口の大部分を占めるようになった。この台湾に住み着いた中国南部の漢族とその子孫たちは「本省人《ほんしょう》」とよばれた。

国共内戦で中華人民共和国が成立し、内戦に敗れた蔣介石の国民党政府は台湾に逃れた。このとき大陸から台湾に移住してきた漢族は「外省人」とよばれた。

台湾料理といわれるものは、本省人が食べていた福建料理をベースにして、台湾の食材をとりいれて発達した料理である。

海にかこまれた島国のため、内陸国家で海岸線のみじかい中国本土の料理にくらべると、台湾料理には海産の魚や貝、エビやカニがよく利用される。

台湾の中央部には三〇〇〇m級の山々が南北に縦走しており、夏季には降水量も増え、植物性の食材も豊富で、タケノコや旬の野菜を使った料理もおおい。

また、日本の植民地時代に、日本式の醬油やカツオブシ、シイタケを使用した味つけも受けいれられた。おでん(黒輪、和田、關東煮と表記される)、テンプラ(天婦羅、甜不辣)、サシミ(沙西米、生魚片)、スシ(壽司)、ミソシル(味噌湯)、カレーライス(咖哩飯)などの日本食が現在でも食べられている。

油脂を使った料理がおおいことは中国本土とおなじでも、大量には使用せず、さっぱりした味つけが好まれるようである。

「台湾料理は日本人の味覚にいちばんあう中国料理」というのが、わたしの個人的感想である。

そんな台湾料理のなかから、程さんは、日本の家庭でつくれる三つの名物料理をえらんで、以下のレシピを教えてくれた。つくりかたの詳細は、『程さんの中国家庭料理』という著書にも記載されている。(2)

献 立 表

19851111

台南担仔麵

◆

肉粽子

◆

蒜醃蚋子

Chef 程一彦

程先生のふるさと台湾の料理で欠かせない
肉チマキを教えていただきました
ほんとうにおいしくできあがり
みんなおみやげを持ってニコニコと帰宅しました

（1）程さんの人柄などについて、くわしくは左記の文献を参照されたい。この本には程さんとわたしの対談「おいしいものが食べたい」も収録されている。
程一彦『程さんの台湾料理店――料理は海を越える』グルメ文庫　二〇〇四年
（2）程一彦『程さんの中国家庭料理』女子栄養大学出版部　一九八三年

レシピ

台南担仔麺（タイナンタンツーミェン＝台南の肉味噌そば）

〔**材料**〕四人分

生の中華そば一玉半　香菜（コリアンダー）少量　ニラ1／2束　モヤシ100g

〈肉味噌用〉豚ひき肉200g　干しシイタケ（もどしてみじん切り）3枚　ニンニクのみじん切り大匙1　鶏がらのスープ2カップ　八丁味噌大匙1　酒・醤油・ゴマ油各大匙1　塩・砂糖各少量

〈スープ用〉スープ3カップ　塩小匙1　醤油小匙1　胡椒・ゴマ油各少量

〔**作り方**〕

1、中華鍋をよくから焼きし、ゴマ油大匙2ほどを熱してニンニクをきつね色に炒め、ひき肉と干しシイタケを加え、肉がバラバラになるまで炒め、八丁味噌・酒・醤油を加えて肉味噌をつくる。

2、スープと調味料を加え、中火にして三～四分煮る。汁からひき肉が顔を出すくらいに煮つめればよい。

3、モヤシ、ニラは長さ5㎝に切り、それぞれゆでる。

4、生そばをゆでる。同時に、〈スープ用〉の材料をあわせて煮立てる。
5、ゆでたてのそばを小丼に分けて入れ、スープを少なめに注ぐ。ゆでたモヤシとニラをのせ、肉味噌をたっぷりかけて、香菜をちらす。
＊ 肉味噌から濃い味が出るので、スープは心もちうす味にしたほうがよい。
＊ 肉味噌は小鉢に入れて出し、各自、好みの量をかけてもよい。しっかりと味つけし煮込んでいるから、冷蔵庫で二週間くらいは保存できる。
＊ ゆでたてのそばに、キュウリのせん切り、ゆでたモヤシをのせ、この肉味噌をかければ炸醬麵（ジャージャンミエン＝肉味噌かけそば）になる。また、パンにはさんでサンドイッチ、ご飯にのせてお茶漬けなど、いろいろと応用できる。
＊ サラダ菜やちぎったレタスに肉味噌を包んで、酒の肴にしても楽しい。
＊ 生めんは細めのほうが、この料理にあう。

肉粽子（ロウツァンズ＝台湾風肉ちまき　台湾語では　肉粽〔パアツァン〕）

〔材料〕　二〇個分
もち米6カップ　豚バラ塊り肉200g　干しシイタケ（水でもどす）8枚　ゆでタケノコ100g
ゆで卵3個　生の落花生100g　干しエビ（もどす）1／2カップ　油　スープ　調味料　ラード
竹の皮20枚
〈煮汁の材料〉　スープ3カップ　醬油大匙4　塩・砂糖各大匙1／2　酒・胡椒・ゴマ油各少量　赤

トウガラシ1本

〔**作り方**〕

1、もち米は洗い、一晩水につけてふやかし、調理する三〇分前に洗ってザルにあげ、水気をきる。

2、豚肉、干しシイタケ、ゆでタケノコは、それぞれ2cm角に切る。各二〇切れは必要。ゆで卵は殻をむく。

以上を合わせて煮汁をかぶるまで加え、中火で二〇分煮て、冷めたら煮汁をきり、ゆで卵は一個を八つに切る。

3、生の落花生は水から入れて一時間ほどゆでる。

4、2の煮汁、干しシイタケと干しエビのもどし汁を合わせ、スープをたして1カップにする。

5、中華鍋に油大匙5を熱し、干しエビ、もち米、落花生を入れ、もち米が透き通るまで炒める。4の汁を少しずつ加えながら炒め、塩小匙1弱、醬油大匙2でしっかりした味をつける。汁が全部吸収されるまで炒めて、二〇等分する。

6、竹の皮は、前もって熱湯でゆでて柔らげておき、内側にラードを塗る。

7、竹の皮をよじって二つ折りにし、三角のじょうごのような形にする。5のもち米の等分した分の1／2量を詰め、2の具を一個ずつのせて、残りのもち米を詰める。

8、三角に折りたたみ、竹の皮を細く裂いたひもでゆわえる。

9、たっぷりの熱湯で二、三分ゆでてから、強火で四〇分蒸す。

＊　保存する場合は冷めてから。冷蔵庫で二〇日くらいはもつ。冷凍保存した場合は、凍ったまま蒸

し直す。

蒜醃蚋子（スワンイェンラーズ＝シジミの醤油漬け）

〔**材料**〕 四〜六人分

シジミ400g

〈漬け汁の材料〉 赤トウガラシ1本　ショウガとニンニク各1／2片をたたいたもの　酒・醤油各大匙4〜5　ゴマ油少量

〔**作り方**〕

1、シジミはよく洗い、熱湯1カップを加え、強火で蒸し煮にし、殻が開いたら、すぐ取り出し、冷ます。汁はとっておく。

2、漬け汁をひと煮立ちさせて冷まし、シジミとシジミのゆで汁を加え、一日ほどおく。青ネギを散らす。

＊ 殻のままのシジミを、チュッと汁もすすり身をせせる。冷蔵庫で一週間は保存可能。

レシピ追記

台南担仔麵（台南の肉味噌そば　タイナンタンツーミェン）

台湾語では担仔麵を「ターアーミー」とよぶそうだ。「担仔」は、台湾で天秤棒のことである。日本で「タンタンメン　担担麵」という四川省の麵料理があるが、「担担」も天秤棒のことである。どちらも、天秤棒に食材や調理道具をぶらさげて行商した麺料理に起源することばである。

担仔麺は、台湾南部の都市である台南で清代に発祥した麺料理で、別名を「度小月担仔麺(ドゥシャオユエ タンツーミェン)」という。

台南の海辺は、夏になると台風がおおく、漁師たちは出漁できず生活に困っていたそうだ。この貧しい期間を「小月」といい、この期間に漁師は天秤棒を担いで麺の行商で生計をたてた。そこで、「小月を担仔麺で過ごす」という意味で、この名前がつけられたと伝えられている。

この麺料理は台南名物として有名であるが、現在では台湾全土に普及し、日本の台湾料理店でも食べられる。

日本のラーメン鉢の半分くらいの小ぶりの碗に入れて供するのが定法である。中華麺のかわりに、米粉(ビーフン)をもちいることもある。

東南アジアの味〜魚醤

魚醤とは

日本料理に味噌、醤油が欠かせないのとおなじように、魚醤《ぎょしょう》は東南アジアの台所での必需品である。「魚醤」といえば、秋田の「しょっつる」、能登半島の「いしり」、香川の「いかなご醤油」のような、魚を原料とする液体状の魚醤油のことと思われがちである。しかし、かつて魚醤と書いて「うおひしお」と読み、塩辛の仲間をしめすことばであった。

わたしなりに定義すれば、「魚醤とは、生の魚介類を主な原料として、塩を加えることによって腐敗を防止しながら保存し、主として原料に含まれる酵素の作用によって筋肉の一部が溶けてアミノ酸類に分解することを意図して製造した食品」ということになる。

ひらたくいえば、広義の魚醤とは塩辛類のことである。塩辛を長期間発酵させると、魚肉が溶けて液体状になる。それを漉して、液体部分だけを分離したのが魚醤油である。

かつてわたしは、ケネス・ラドル博士と共に東南アジア各地から多数の塩辛や魚醤油を採集したが、そのサンプルについて、味の素中央研究所に依頼し、アミノ酸分析してもらったことがある。その結果、地域のちがい、使用する魚種のちがい、製造法のちがいを超えてすべての魚醤に共通することは、アミノ酸類が豊富で、なかでも「うま味」の素であるグルタミン酸が豊富であることがわかった。

東南アジアの塩辛類に含まれるグルタミン酸を調べると、ペースト状の調味料である日本の味噌の倍量であることがわかった。いっぽう、液体状の東南アジアの魚醬油と日本の醬油を比較すると、グルタミン酸の含有量はほぼおなじであった。ただし、味噌、醬油のような酸味や糖分は魚醬にはなく、酸味料・甘味料としての機能はもたない。すなわち、東南アジア料理にもちいられる魚醬は、塩分とうま味を含む調味料としての機能をもつことがあきらかである。

東南アジアの人びとは、魚醬のうま味に慣れているので、料理には「味の素」がよく利用される。

かつての日本でも、魚醬は料理の味つけに使用されていた。たとえば、伊豆諸島最南端の青ヶ島では、離島のため醬油の入手が困難だったので、自家製の塩辛の汁を刺身のタレにしたり、塩辛を煮物の味つけにつかうなど、魚醬を調味料として使用していた。

アジアの魚醬調査

中国でも、古代には魚醬が調味料として使用されたが、ダイズや穀類をコウジで発酵させてつくる味噌・醬油系の穀醬《こくしょう》が調味料の主流となり、魚醬は衰退した。朝鮮半島、日本も同様である。

しかし、東南アジア諸国では、高温湿潤な気候なので発酵コントロールが困難であるためか、穀醬が発達せず、魚醬が主要な調味料とされている。

東南アジア大陸部から、マレー半島、ジャワ島にかけての地帯と、フィリッピン諸島の北部および中部が、現在の魚醬の分布域である。現在では魚醬油造りが産業化したので、市場で瓶詰めの魚醬油を買ってきて台所に置くのが普通になったが、農漁村では自家製の塩辛の壺が置かれている。

東アジアと東南アジアの食文化を考えるにあたって、重要な位置をしめるのが魚醤であるが、本格的な研究はなされていなかった。

一九八〇〜八四年に、わたしはケネス・ラドル博士と一緒に魚醤とナレズシの共同研究をおこなった。著名な漁業生態学者であるラドルさんは、当時、私と同じ国立民族学博物館助教授であった。

私たちは専攻分野は異なるが、それぞれフィールド・ワーカーとして研究を進めてきた実績をもち、現地調査の好きな者同士である。たよるべき文献資料がすくない研究分野ゆえ、徹底した現地調査による第一次資料の収集から共同研究を進めていった。アジアの一三ヶ国において、漁村、加工場、市場、研究機関など約二〇〇ヶ所を訪ねて調査をおこなった。政治的事情で通常は調査許可の得られない地域や、反政府ゲリラ地帯などにまでもぐりこんで調べあげたのである。

私たちはほとんどの調査に同行し、ラドルさんが原料となる魚をめぐる漁業生態学について、石毛が加工法や消費など食文化にかかわる分野を担当した。

調査の結果、魚醤やナレズシは中国の雲南省からインドシナ半島のメコン川中流域に起源して初期稲作文化における淡水魚の保存法として伝えられ、水田稲作とともにアジア各地に伝播したという仮説を提示することができた。研究の詳細は石毛直道、ケネス・ラドル(共著)『魚醤とナレズシの研究――モンスーン・アジアの食事文化』(岩波書店　一九九〇年)に記した。

タイ・カンボジア料理

タイ、カンボジアでの魚の発酵食品の調査から帰国したばかりの一九八四年春、調査地での味の記憶がうすれないうちにクッキングスクールを開催し、以下のような献立をつくった。記憶がさだかではないが、現地からもちかえった魚醬油をもちいて調理したのではないかと思う。当時の日本では、現地の魚醬油が入手できなかったので、国産の魚醬油である「しょっつる」や醬油で代用できるよう、レシピには記載されている。現在では、大都市のエスニック料理の材料店や通販で、東南アジアの魚醬を入手することが可能である。

レシピ

パイナップル・パンチ(Pineapple Punch)

〔**材料**〕

パイナップル8個　レモンまたはライムジュース1／2カップ　マスキラーノ・チェリージュース(＊マラスキーノのことか?)1／4カップ　砂糖大匙3　水1カップ　湯1カップ　ラム・ジン・ウイスキーなど(蒸留酒ならなんでもよい)ウイスキーグラス4杯　ハッカの葉・花(なしでもよい)　オレンジ

献 立 表

19840312

タイ・カンボジア料理

パイナップル・パンチ

Pineapple Punch

◆

牛肉たたきのサラダ

Phlea ko

◆

エビの酸っぱく辛いスープ

Tom yum goong

◆

タイ風粥

Rice Soup

1984年1月〜2月にタイ・カンボジアへ
魚醬の調査に出かけていらしたので久々のスクールとなりました
さっそく、魚醬油を使った
スパイシーでぴりぴりとしたメニューをお願いしてみました

1個(八つ切り)　氷

〔作り方〕

1、1カップの水で砂糖を溶かす。砂糖シロップを冷やす。パイナップルを切ってくりぬく。パイナップル果肉を切り、その上に湯を注いでしぼって、パイナップルジュースをつくる。

2、1と酒類、レモン・ライムジュースをパンチボールに入れて混ぜる。パイナップルの容器に氷を入れ、パンチを注ぎ、花、オレンジ、ハッカで飾る。

牛肉たたきのサラダ(Phlea ko)

〔材料〕

牛肉赤身　キャベツ・トマト・ピーマン・レタス(サラダになる野菜なら何でもよい)　しょうゆ　レモンジュース　砂糖　塩　胡椒　味の素　ピーナツ

〔作り方〕

1、牛肉に塩・胡椒をして、表面を軽く焼き、小さく切る。煎ってから砕いたピーナツを、これにまぶしておく。

2、野菜を敷いた上に、肉をのせて調味料の残りをかける(何で残りナンダロ?)。

＊　香菜(コリアンダー)、ハッカの葉を振りかけるとよい。

エビの酸っぱく辛いスープ(Tom yum goong)

〔材料〕

むきえび(中くらいのサイズ)10匹　フクロタケ(他のキノコでもよい)1カップ　レモングラス(レモンの皮2個で代用)　柑橘類の葉　塩　味の素　魚醬油(しょっつる、または薄口醬油で代用可)　レモンジュース　粉とうがらし　香菜(コリアンダー)

〔作り方〕

1、鍋に湯を沸かし、レモンの皮、柑橘類の葉を入れて煮る。えびを入れて二、三分したらレモンジュース、フクロタケ、塩、味の素を加えて火を止める。

2、魚醬油、粉とうがらしを入れて、容器に盛る。香菜を薬味として供する。

タイ風粥(Rice Soup)

〔材料〕

米　豚あるいは鶏のひき肉　しょうが(せん切り)　胡椒　ねぎと香菜(コリアンダー)みじん切り　卵

チキンスープ　魚醬油(薄口醬油で代用可)

〔作り方〕

1、日本の粥より水が多く、重湯くらいの粥を炊く。これにチキンスープを加えて、ひき肉を入れて二分したら火を止める。

2、碗に生卵を入れた上に、粥をそそぐ。香菜、ねぎ、しょうが、胡椒を薬味に盛る。

＊　これは普通、朝食にもちいられる。

レシピ追記

パイナップル・パンチ

ラドルさんも石毛も酒好きである。バンコクのバーか、レストランで、大きなパイナップルの果実を刳《く》りぬいたものを容器として、カクテル風の酒を供されたのを再現したレシピである。

パイナップルの上端と下端を切って巨大なグラスとし、なかの果肉をえぐりとってつくる。

〔材料〕に記したとおり、蒸留酒を使用すること。

マスキラーノ・チェリージュースとあるのは、わたしのレシピ作成時の誤記で、＊に記されているように、イタリア北部やクロアチア、スロベニアでマラカス種のサクランボからつくるリキュールであるマラスキーノが正しい。マラスキーノ・チェリーのジュースやシロップはカクテルにもちいられるので、日本でも市販されている。

ハッカ(ペパーミント)の生の葉の香りがよくあう、さわやかな味の飲みものである。彩りに小さな花や花びらを浮かべる。

グラスに小分けせず、パイナップルの容器から直接飲むときは、ストローを添えること。

牛肉たたきのサラダ

カンボジアでプリア・コーといわれるサラダで、前菜やおかずとして供される。生肉に抵抗感がある人のことを考慮にいれて、レシピでは牛肉を軽く焼いているが、カンボジアでは生肉料理として供されることがおおい。

ライムジュースが入手しにくいのでレモンジュースで代用し、「タク・トレイ」というカンボジアの魚醬油のかわりに、醬油と味の素を使った。味の素は、東南アジアでも家庭の台所の必需品として普及している。

カンボジアでのつくりかたは、ライムジュース、タク・トレイ、刻んだピーナッツを混ぜたものに、薄切りの生牛肉を味がしみるまで漬けておく。その後、肉をとりあげたあとの漬け汁に砂糖、塩、水を加えて煮たたせ、冷ましてからドレッシングとして使用する。ショウガやニンニクを焼いてから漬したものをドレッシングに加えてもよい。

漬け汁とドレッシングの使い分けを、レシピに記入するのを忘れたので、「何で残りナンダロ?」と書かれている。

エビの酸っぱく辛いスープ

現在では、トム・ヤム・クンは、タイ名物の激辛スープとして日本でも知られるようになり、トムヤムスープの素や「トムヤムクンヌードル」というカップ麺も市販されている。

このレシピを教えた一九八四年当時は、トム・ヤム・クンという料理名を知る人がいなかったので、レシピに「エビの酸っぱく辛いスープ」という日本名をつけたのである。タイ語でトムは「煮る」、ヤムは「混ぜる」、クンは「エビ」という意味である。

ここでも、ライムジュースのかわりにレモンジュースを使用し、「ナム・プラ」というタイの魚醤油を「しょっつる」や薄口醤油に味の素を加えたもので代用しているが、現在ではナム・プラも日本で市販されている。

このスープつくりのコツは、トウガラシを多用して、辛みを強調することで、粉トウガラシのかわりに、鷹の爪をつぶして使用してもよい。

タイ風粥

バンコクの露店で、朝食によく食べた粥を再現したレシピである。

タイの都市では、朝から食べものの屋台が繁盛している。家で食べずに、出勤途中に露店で朝食をとる勤め人がおおいそうだ。そんな露店の朝食でよく食べられるのが粥で、粥専門の露店がおおい。

粥には「ジョーク」と「カオ・トム」の二種類がある。

つぶした米を原料にして、とろとろになるまで煮こんだ、粘り気のおおい粥がジョークである。カオ・トムの「カオ」とは米、「トム」は煮るという意味である。米をつぶさずに煮るので、米粒の形が残り、加える水の量がおおく、煮る時間が長いので重湯にちかい。

レシピでは最後にスープを加えているが、最初から肉のだしを加えて煮る方法もある。最後の味つけに、魚醤油(ナム・プラ)を加えることが、レシピから脱落している。

インドネシア料理

ナシ・パダン

日本語でメシといったら、米飯という意味のほか、「メシを食おう」のように食事をしめすこともある。おなじように、インドネシア語でナシ(nasi)ということばは、米の飯をしめすほかに、食事という意味にも使われる。

インドネシアのたいていの町には、「ナシ・パダン」の食堂がある。パダン(Padan)とは、スマトラ島の西スマトラ州州都の名である。したがって、ナシ・パダンとは「パダン風の食事」とか、「パダン料理」のことである。

一九六三年、わたしははじめてインドネシアに出かけたが、ナシ・パダンの店にはいってびっくりした。注文もしないのに、小皿に盛った料理が十数品、テーブルのうえにならべられたのである。大食漢のわたしでも、こんなにたくさん食べられるはずはない。

片言のインドネシア語で抗議したところ、パダン料理の食べかたを説明してくれた。ぜんぶ食べる必要はなく、好きな料理の皿にだけ手をつけたらよいのだそうで。つまり、食べた皿のぶんだけ、勘定を払えばよいのだ。そのかわり、一口でも食べたら一皿ぶんの代金を請求されることになる。

こんなルールさえわかれば、ナシ・パダンは旅行者にとって便利な食事である。インドネシア語のメニューが読めなくても、ならべられた中から好きな料理を選ぶことができる。ナシ・パダンの店は大衆食堂なので、料金も安い。以後、インドネシアで一人で食事をするときには、迷わずナシ・パダンの店にはいるようになった。

パダンは、西スマトラに居住するミナンカバウ族の中心地にあたる港町である。ミナンカバウ族は母系制社会であり、男性は妻の実家に婿入りをする。家を継ぐのは女性なので、男たちは容易に村をはなれて出稼ぎに行くことができる。

こうして各地に出稼ぎに行った男たちが、インドネシア全域にパダン料理をひろめたのである。そのため、かつてナシ・パダンの店員は男性ばかりで、女性従業員はいなかったという。

パダン料理はおいしいと定評があるが、現在のナシ・パダンの店では伝統的なミナンカバウ料理だけではなく、一般的なインドネシア料理を供するのが普通である。

インドネシア人のおおくがイスラーム教徒なので、ナシ・パダンの店には豚肉料理はない。そのほかは、ウシ、スイギュウ、ヤギ、ニワトリ、魚やエビ、野菜類、豆腐など多彩な材料を、カレー風の煮つけ、揚げ物、サラダ風、スープなどに料理して供してくれる。ナシ・パダンは、大衆的インドネシア料理のオンパレードである。

つくりおきの料理なので、冷えているものがおおい。現在では、フォークとスプーンを出してくれる店もふえたが、手で食べる客もおおい。そのため、熱い料理である必要はない。スープ料理は、米飯の皿にかけて、手で混ぜて、指でつまんで食べる。

献 立 表

19860421

インドネシア料理

にわとりのスープ

Soto ayam

◆

牛肉の串焼き

Sate sapi

◆

やきめし

Nasi goreng

◆

牛肉のカレー

Daging kari

1986・1月〜2月インドネシア調査を終えられた先生に
生徒の希望によりインドネシア料理の講習です
インドネシアにはうるさい吉田集而先生も
口教授として参加されました

ナシ・パダンの店は、インドネシアだけではなく、マレーシアやシンガポールでも繁盛している。以下は、一九八六年にインドネシアでの講演旅行から帰国したばかりのときに開催したクッキングスクールのレシピである。ナシ・パダンの店でも供される典型的なインドネシア料理四種類を紹介した。

メニューの下に「インドネシアにはうるさい吉田集而《しゅうじ》先生も口教授として参加されました」と記されている。当時民博の助教授であった吉田さんは、インドネシア文化にくわしいため、料理をつくるさいに、あれこれ口出ししたので「口教授」とされたのか、もしくは、食べるときにだけ参加して口腹を満たしたので「口教授」と書かれたのか。真相は、吉田さんが故人となったいまでは、たしかめようがない。

レシピ

にわとりのスープ(Soto ayam)

〔**材料**〕

とり胸肉2枚　ニンニク4片　ショウガ親指大　黒胡椒小匙1／2　メース大匙1／2　塩・醬油適量　植物油少々　味の素　タマネギ(スライス)1個　ターメリック(色づけ程度)　パセリ(みじん切り)　薬味として春雨適量(かわりに中華麺を使用して、麺料理の一品としてもよい。このさいの料理名はミー・クアMie kuahとなる)　固ゆで卵のスライス(飾りとして使用)

〔**作り方**〕

1、にわとりの胸肉にニンニク1片、ショウガをおろしたもの1／2、塩、胡椒をして三〇分ゆでて、肉をさましてから、小さく裂いておく。

2、少量の植物油に、ニンニクの残りをおろしたものを入れ、一分間熱する。ついで、おろしショウガの残り、ターメリック、醬油、肉を入れ、炒める。

3、肉のゆで汁を2の鍋に入れ中火で七分煮る。ついで、タマネギのスライス、メース、パセリみじん切り、春雨を入れ、五分たったら味の素、塩で味をととのえる。

4、碗に盛り、ゆで卵のスライスを上にのせる。

＊　チキンスープの素を入れてもよい。タマネギをスライスして少量の植物油で茶色になるまでカリカリに炒めたものを、薬味として最後に加えると、よりインドネシア的な味になる。

牛肉の串焼き(Sate sapi)

〔**材料**〕

牛肉の赤身で筋のないところ(上等の肉でなくてよい)500g

〈マリネードの材料〉　タマネギ(みじん切り)1／4個　ニンニク(すりおろす)3片　ショウガ(すりおろす)小指大　コリアンダー大匙1／2　赤トウガラシ粉適量　酢大匙1　たまり醬油大匙1　砂糖大匙1　植物油大匙1

〔**作り方**〕

1、肉を人差し指の先の大きさに切り、マリネードの材料をあわせたものに二時間以上漬けこむ。これを竹串に刺し、こげ目がつくまで焼く。炭火であることが望ましい。
2、焼けたら、串を並べた上からタレをかけて供する。
＊ インドネシア語で「サテ・サピ　Sate sapi」という料理名の「サテ」は串焼き、「サピ」はウシをしめす。
マトンを材料としてもよい。その場合は「サテ・カンビン　Sate kambing」という名でよばれる。

やきめし(Nasi goreng)

〔**材料**〕
冷飯　芝エビ　牛肉をきざんだもの(イスラーム教徒ではないのでベーコンで代用してもよい)30g　タマネギ(みじん切り)1／2個　赤トウガラシ粉大匙1／2　たまり醬油大匙1　トマトケチャップ大匙1　塩適量　植物油大匙1

〔**作り方**〕
1、油があたたまったところにタマネギみじん切り、赤トウガラシ粉を入れて、一分したら肉、芝エビを入れ、しばらく炒めたのち、飯以外のすべての調味料を加えて、よくかきまわす。
2、必要なら、さらに油を加えて、飯を入れて五〜八分炒めてから大皿に盛る。
＊ 目玉焼き、クロポック(Keropok)というエビセンベイ(日本のエビセンベイで代用してもよい)、キュウリのスライス、タマネギのスライスを茶色になるまで炒めたものを加えて供するとよい。

好みによって、タマネギのみじん切り、つぶしたニンニクを加えてもよい。
中華鍋をつかうと料理しやすい。

牛肉のカレー(Daging kari)

〔材料〕

カレー用牛肉300g　タカノツメ(二つに切る)2本　コリアンダー小匙1　クミン大匙1　ターメリック小匙1　レモン汁大匙1　タマネギ(みじん切り)1個　ニンニク(みじん切り)2片　ココナツミルク1/4カップ　トラシ(なしでもよい)　味の素　塩　植物油

〔作り方〕

1、タマネギ、ニンニク、コリアンダー、クミン、ターメリック、トラシを中火で炒め、塩、レモン汁を入れる。
2、タマネギがやわらかくなったら、牛肉、タカノツメを入れ、五分間炒める。
3、ココナツミルクを入れ、弱火で煮こむ。肉がやわらかくなるのに時間がかかるときは水を足す。シチューよりも汁気がすくないように煮こむ。

レシピ追記

にわとりのスープ

インドネシア語でソト(soto)はスープ、アヤム(ayam)はニワトリを意味するので、「にわとりのスープ」という料理名である。

ターメリック(ウコン)をいれるので黄色に仕上がり、ニンニクの香りがするスープである。

春雨をいれるのが通常だが、中華麺をいれるとミー・クア(Mie kuah)という料理になる。ミーは「麺」、クアは「汁」ということばなので「汁麺」のことである。麺も春雨も中国起源で、日本、朝鮮半島、東南アジアに伝播した食品である。

このスープにサンバル(sambal)を調味料として加えることもある。サンバルは、トウガラシ、ニンニク、トラシ(後述)、塩、胡椒を石臼で挽いたペースト状の辛いソースで、インドネシア料理とマレー料理によく使用される。

このレシピでは、辛味を加えず、薄口醬油と味の素をもちいて、日本人むけの味に仕上げている。味の素は東南アジアでもよく利用され、インドネシアにも工場がある。

レシピで野菜はタマネギとパセリしか使用していないが、モヤシ、ネギ、キャベツのせん切りなどをゆでて加えてもよい。

牛肉の串焼き

中東起源の料理である。インドネシアでは、日本の焼き鳥を小ぶりにしたような外観の串焼き肉を「サテ」という。牛肉、山羊《やぎ》肉、鶏肉など、さまざまな肉の串焼きがインドネシアの屋台で売られているが、イスラーム教徒のおおい国なので、豚肉のサテはない。

この料理は、マレーシア、シンガポール、フィリッピン、タイなど、東南アジア各地で見かけるが、インドネシアのジャワ島から広まったといわれる。そして、ジャワ島へは、アラブ移民がもちこんだ料理であるという。アラビア語で「シーシュ・カバーブ」(日本では「シシ・カバブ」の名称で知られている)という肉の串焼き料理が、インドネシアのサテになったという。

レシピでは、たまり醬油に砂糖、酢を加えたものに香辛料を加えてマリネード液に使用しているが、本場では「ケチャップ・マニス」に香辛料を混ぜてマリネードするのが定番である。

ケチャップというと、トマト・ケチャップを連想されそうだが、そうではない。インドネシアやマレーシアでは、醬油のような液体調味料を総称してケチャップとよぶ。魚の塩辛からつくった魚醬油は、「魚のケチャップ」という意味の「ケチャップ・イカン」とよばれる。インドネシア語で「イカン」とは「魚」の意味である。

ケチャップ・マニスは「甘いケチャップ」という意味で、ダイズ、コムギを発酵させて塩、黒砂糖、ショウガを加えた甘い味の醬油のことである。インドネシアの都市民の家庭では、食料品店で買ってきた瓶詰めのケチャップ・マニスが台所の常備品となっている。

マレー語やインドネシア語のケチャップという名称が英語に採用され、一八七六年にアメリカのハインツ社が瓶詰めのトマト・ケチャップを発売してから、ケチャップというとトマトからつくったソースと思われるようになった。

焼き飯

現在の日本でいちばんよく知られているインドネシア料理は「ナシ・ゴレン」という焼き飯であろ

う。ナシ・ゴレンの素や、電子レンジで加熱するだけで食べられる冷凍のナシ・ゴレンも市販されている。

マレー・インドネシア語で、「ナシ」は米飯、「ゴレン」は揚げるという意味なので、直訳すれば「揚げ飯」ということになるが、実際には炒めてつくる料理である。日本語では「焼いた飯」と表現するし、英語ではナシ・ゴレンとおなじく揚げて料理する「フライド・ライス」という。

このレシピをつくった当時はマレー・インドネシア食品が入手できなかったので、日本風に変形した料理法になっている。

本場のナシ・ゴレンつくりには、前述のサンバルや、トラシという塩辛系の調味料を使用することがおおい。

トラシとの出会い

わたしが食文化研究をはじめる以前の一九六三年のことである。インドネシア領ニューギニア島の中央高地の未探検地帯に、インドネシアと京都大学の合同の登山隊と調査隊を派遣する準備で、わたしはジャカルタに滞在していた。日本の商社の駐在員の家に居候をして、インドネシア政府との交渉などをしていたのである。

この家の台所で、料理女がナシ・ゴレンをつくるのをながめていた。まず、鉄鍋で熱したヤシ油のなかに灰褐色の小さな塊をいれてから、肉・野菜・米飯を炒めるのであった。灰色のえたいのしれない塊を使用するのが、おいしいナシ・ゴレンをつくる秘訣のようであった。

その塊を少々もらって、味見をしてみた。生臭く、むかつくような強烈な悪臭のするものであった。ところが、加熱すると、食欲をそそる香気を発し、食物にうま味を付加するのである。不思議な食品があるものだと、つよく印象に残った。

これが小エビを原料とするインドネシアの魚醤であるトラシ(terasi)との出会いであった(1)。

その後、魚醤の研究をするようになって、ジャワ島だけでもトラシつくりの工場を一〇ヶ所観察した。調査当時には、家庭の台所でトラシをつくることはなくなり、漁家の副業として生産された市販のトラシを買ってくるのが普通であった。

日本ではアミの塩辛に加工するような小さなエビを漁獲したのち、三、四時間マットにひろげて乾燥してから塩を調合し、搗きつぶしてペースト状にして、金型《かながた》で長方形に打ちぬいたり、手で円筒形に成形する。これを日陰で一、二日熟成させてから包装したものが、市販のトラシである。

日本のアミの塩辛は、そのまま飯のおかずや酒の肴に生食するが、トラシをそのまま口にすることはない。少量を火であぶったり、炒めたりして料理に加える調味料である。

マレー半島では、トラシとおなじものをブラチャン(belacan)とよぶ。

このレシピではトラシを使用せずに、たまり醤油で代用しているが、現在では、日本でもトラシを入手できる。

牛肉のカレー

レシピでは、インドネシア語の名称をダギン・カレ(Daging kari)と記しているが、「ダギン」は肉、

「カレ」はカレーであり、「肉のカレー」という意味なので、牛肉以外の肉を使用してもよい。

日本では「ジャワカレー」というカレールーが市販されているので、カレー料理はジャワ島の名物と思われがちであるが、カレー風料理はインドネシア各地にある。

既製品のカレー粉を使用せず、その都度さまざまな香辛料を配合してつくるので、インドネシアのカレー風料理の種類は数えきれないほどあるが、ココナツミルクを加えて煮るのが普通である。

レシピでは缶詰のココナツミルクを使用しているが、入手できなければ豆乳に少量の砂糖を加えたもので代用してもよい。

(1)「トラシとの出会い」の文章は左記の文献の「まえがき」からの再録。
石毛直道、ケネス・ラドル(共著)『魚醤とナレズシの研究――モンスーン・アジアの食事文化』岩波書店一九九〇年

カフカス料理の夕べ

一九八七年八~九月に、カフカス諸国の料理を食べ歩く旅をした。ソビエト連邦の解体以前のことなので、個人でカフカス地方に旅行をするのはむずかしかった。日本のロシア料理店関係者たち一六人が、この地方の料理を体験するツアーを計画しているとの話を聞き、わたしも参加することにしたのである。帰国して、味を覚えているうちに、この旅行で食べた料理を再現して、クッキングスクールで披露したレシピである。

カフカス三国

ロシア語でカフカス山脈、英語でコーカサス山脈とよばれる五〇〇〇m級の山々の南側で、西が黒海に東をカスピ海にはさまれた地域に、グルジア、アルメニア、アゼルバイジャンのカフカス三国がある。

一九世紀前半にロシア帝国に併合され、二〇世紀になるとソ連邦を構成する共和国とされたカフカス三国の歴史からわかるように、ロシア文化の影響がつよく、カフカス料理はひろい意味でのロシア料理の一部とされている。

カフカス山脈が冷たい北風をさえぎり、温暖なカスピ海と黒海がちかいので、平地では冬でも気温が比較的たかい。そこで野菜やリンゴ、ナシ、アンズ、スモモ、サクランボ、イチジク、ミカンなどの果樹の栽培がさかんな地方である。

飼養する家畜はヒツジとウシがおおくみられたが、ブタはすくなかった。とくに東側のアゼルバイジャンではブタをあまり食べなかった。

グルジアの伝統宗教はギリシア正教、アルメニアはキリスト教の一派であるアルメニア教会のさかんな地域であるのにたいして、アゼルバイジャンはブタを食さないイスラーム教の地域である。

ロシア人はサモワール(金属製の湯わかし器)でわかした紅茶をよく飲むが、旧ソ連邦で飲まれる紅茶の九〇%がグルジアで栽培される茶樹からつくられる。

ブドウ栽培もさかんで、旧ソ連邦におけるワインやブランデーの産地として知られていた。アルメニア産のブランデーは、フランスのコニャックにおとらない銘酒であると、国際的に評価されている。

文明の交差点

カフカスの南側はイランに接し、南西にはトルコがある。北側は旧ロシア帝国とウクライナに接している。このような地理的条件からカフカスはイランを中心地とした古代のペルシャ文明、のちにはアラブ文明やオスマン・トルコの文明の交わる地域であった。そのことはカフカスの料理にも反映され、イラン料理やトルコ料理に似たものがある。

たとえば、今回のレシピの串刺しの焼き肉である「グルジア風シャシリク」は、トルコ語で「シシ

献立表

19870928

カフカス料理の夕べ

ザクースカ

◆

グルジア風ロビオ

◆

生野菜サラダ

◆

ピクルス

◆

チョウザメのトマト煮

◆

ボルシチ

◆

グルジア風シャシリク

「世界の料理―ロシア料理」タイムライフブックス
「朝日百科　世界の食べもの」 カフカス

なぜか編集員のみんなが
あまり覚えていないので
コメントが書けなかった唯一の授業です
ただ　資料を調べたのと
マトンを手に入れるのに少し苦労した覚えはあるのですが…

ュ・ケバブ」という。これを日本では「シシ・カバブ」とよぶ。

古代メソポタミアのアッカド語で「焼く・焦がす」という意味のケバーブに、串を意味することばをつけてトルコ語のシシュ・ケバブになったといわれる。インドではこれを「シーク・カバーブ」という。ウズベキスタン、カザフスタン、キルギス、トルクメニスタンの中央アジアでは、「シャシリク」の名称で知られており、カフカスもおなじである。

トルコからカフカス、中央アジアを経由してインドにいたる地域では、この串焼きの肉料理は露店でよく売られる民衆的な食べものである。この一連の分布地域に位置するカフカスからシャシリクが北方のロシアに伝わり、現在ではロシア料理の定番となっている。

レシピに「ボルシチ」がある。赤い色をした根菜であるビーツ(ビート)を肉や野菜と煮こんでつくるボルシチは、ロシア名物のスープとして知られている。

もともとはウクライナの伝統料理で、ウクライナ語で「赤い汁」という意味の「ボールシュチュ」がボルシチの語源であるという。ボルシチは、近世になってロシアや東欧に普及するようになった料理であるという。ウクライナにちかいカフカスでは、古くから食べられていた可能性がある。

レシピ

ザクースカ　記述なし

グルジア風ロビオ

〔**材料**〕

乾燥させたキントキ豆(ウズラ豆、インゲン豆でもよい)2／3カップ　タマネギ(みじん切り)大匙3　クルミ(刻んでから、すりつぶしたもの)100g　コリアンダー(香菜)の葉(みじん切り)適量　トウガラシ粉適量　ニンニク(つぶしたもの)適量　塩適量　青ネギの青い部分2本　サラダ油

〔**作り方**〕

1、鍋にたっぷりの水と塩少々を入れて火にかけ、沸騰してから豆を入れ、二分煮る。ついで火からおろし、そのまま蓋をせず、浸しておく。

2、一時間してから、鍋をふたたび火にかけ、煮立ってから弱火にし、蓋をせずにことこと煮る。豆の形がくずれない程度にやわらかくなったら、ザルにあけて水きりをし、フキンで軽くおさえて水気をとる。

3、タマネギのみじん切りはサラダ油で軽く炒める。

4、大きなボールにつぶしたクルミ、炒めたタマネギ、つぶしたニンニク、コリアンダーのみじん切り、トウガラシ粉、塩を混ぜてソースをつくる。好みに応じて、ディルの葉のみじん切りや酢、サラダ油を少量入れてもよい。

5、4のボールにゆでた豆を入れてフォークでかき混ぜてあえる。皿に盛り、青ネギを筋切りにしたもので飾る。一時間くらい室温で味をなじませるとさらによい。

生野菜サラダ

〔作り方〕

トマトのスライス、タマネギの輪切り、赤カブ(ビーツ)をゆでてスライスしたもの、青ネギ、コリアンダー、ディル、バジル、タラゴンなどの薬味野菜を適当に切って皿に盛り、塩をつけて食べる。

チョウザメのトマト煮　記述なし

ボルシチ

〔材料〕

牛肉または豚肉(すね、ももなどの硬い部分)300g　ジャガイモ中2個(約250g)　ビーツ大一個(約120g、缶詰でもよい)　キャベツ240g　ニンジン120g　タマネギ中1個(約200g)　ニンニク3片　セロリ60g　トマトピューレ150g　酢30g　砂糖12g　ローリエ2枚　塩・胡椒少々　ディル(イノンド)・パセリ適量　肉のブイヨン1800cc　サワーミルク　バター

〔作り方〕

1、肉は塊のままニンジン、タマネギ、セロリなどの香味野菜の一部を粗切りにしたものと煮て、やわらかくなってから引き上げ、冷めたら薄切りにする。煮汁はこしてブイヨンにする。

2、ジャガイモは小口切り、キャベツ、ニンジン、ビーツ、タマネギは3㎜幅のせん切り、ニンニクはみじんに刻み、セロリは繊維に直角にせん切り、ディルはちぎり、パセリは刻む。

3、鍋にバターを溶かし、ニンジン、ビーツ、タマネギ、ニンニクを炒め、トマトピューレを加える。
4、別の鍋にブイヨンを煮立ててローリエを入れ、ジャガイモ、キャベツを煮て、半煮えのところに3を加える。
5、ジャガイモが煮えたら肉の薄切りを加え、酢、塩、胡椒、砂糖で調味する。
6、温めたスープ皿に盛り、青みをふりかけ、サワーミルクを落として熱いものを供する。

グルジア風シャシリク

〔**材料**〕

ラムあるいはマトン(赤身の部分を塊で、牛肉あるいは豚肉の赤身のやわらかな部分で代用してもよい)900g　タマネギ3個　レモン汁大匙1杯半　オリーブ油大匙1杯半　塩小匙1杯半　黒胡椒小匙1/3

〈つけ合わせと薬味の材料〉トマト小4個　ナス2個　タマネギ1個　コリアンダーの葉少々　ワケギあるいは青ネギ少々　レモン1個

〔**作り方**〕

1、肉を3、4㎝の角切りにする。
2、タマネギ2個を串焼き用に6㎜程度の厚切りにする。
3、タマネギ1個はすりおろす。
4、大きなボールに、おろしたタマネギ、レモン汁、オリーブ油、塩、黒胡椒を入れ、よく混ぜあわせる。この中に肉を入れて室温で三時間以上漬けておく。

〈焼き方〉 長い鉄串に肉とタマネギを交互に刺す。別の串につけ合わせのトマトをまるのまま、ナスを適当に切ったものを刺す。これらを炭火で焼く。炭火が使えないなど、やむを得ない場合は、高熱のオーブンや鉄板で代用する。

〈食べ方〉 つけ合わせのトマト、ナスと、薬味にタマネギをスライスして、コリアンダー、ネギのみじん切りをまぶしたもの、レモンを切ったものを大皿に盛っておく。肉が焼きあがったら串のまま肉をのせて供し、各自の小皿にとりわける。

レシピ追記

このクッキングスクール当時、日本語で読めるカフカス料理に言及した本は、『朝日百科　世界の食べもの　ロシア2』(一九八一年)にウクライナとカフカス料理が簡単に紹介されているのと、タイムライフ社の『世界の料理』シリーズの日本語版(『世界の料理――ロシア料理』一九七二年)に「山国コーカサスの今と昔」という章があるのみであった。

ボルシチのつくりかたは『朝日百科』から、グルジア風シャシリクは『世界の料理』から引用したが、グルジア風ロビオと生野菜サラダの出典はわからない。

ザクースカ

『記念レシピ集』にはつくりかたの記述がないが、ザクースカとは、ロシア語で「前菜」を意味する。おそらく、わたしがカフカス旅行で食べたオードブルを二、三品再現したものであろう。

グルジア風ロビオ

グルジア語でロビオとは「豆」という意味であるが、蒜《にんにく》やスパイスをきかせた煮豆料理もロビオとよぶ。さまざまな種類の豆が使用されるが、キントキ豆を使うことがおおい。

ピクルス

ピクルスもカフカス料理によく添えられる。伝統的なピクルスは長時間漬けて乳酸発酵させてつくる。クッキングスクールのさいは、おそらく酢、砂糖、香辛料を混ぜた液体に、塩もみしたキュウリなどの野菜を短時間漬けてつくる即席ピクルスで代用したと思われる。

チョウザメのトマト煮

チョウザメのトマト煮について、レシピが残っておらず、詳細の記憶もない。カスピ海と黒海のチョウザメは世界的に有名で、その卵はキャビアに加工される。チョウザメを日本で養殖するようになったのは、一九九〇年以降のことである。一九八七年におこなったクッキングスクールで、どうやってチョウザメを入手したのか、疑問である。おそらく、ほかの魚で代用したのだろう。

トルコ・ギリシャ料理の宴

一九八八年の夏、クロアチアのザグレブで開催された国際人類学・民族学会議に参加した。四年に一度開催されるこの会議は、人類学と民族学の分野における世界最大の国際学会である。知人のフランス人研究者が主催する「肥満と文化」分科会で、わたしは「日本人の伝統的肥満観」という研究発表をした。(1)

英語で研究発表したとき、わたしは突き出した腹をポンポンと叩きながら、「日本では、わたしはデブ(fat)の体型であるとされるが、皆さんの評価はいかがですか?」と問いかけたところ、「ノー!あなたは小肥り(plump)にすぎない」というのが聴衆の反応であった。

日本で肥満型といわれる体形にくらべて、ケタはずれに肥った人のおおい欧米人のあいだでは、わたしは「デブ」とは認められなかったのである。

クロアチアまで出かけたついでに、それまで訪れたことのないギリシャとトルコに旅行をした。知らない土地へ出かけたら、未知の食べものを胃袋に送りこむことによって食体験の領土拡大をはかる「胃袋帝国主義者」のわたしのことである。ギリシャ料理やトルコ料理を、しこたま食べて帰国したら、ほんとうの肥満体型にちかづいていた。

以下のレシピは、帰国してすぐ、まだ舌の記憶が薄れないうちに、クッキングスクールで料理をつくったときの記録である。

オスマン帝国の遺産

東ローマ帝国、ビザンツ帝国、オスマントルコ帝国など、多数の民族を統合した巨大な帝国が興亡した東欧、ギリシャ、トルコにかけての地帯は、古代から文明の交錯した地域である。そのため、地中海、西アジア、中央アジアなどの食文化に起源をもつ食べものがおおい。この地域において、現代の料理にもっとも大きな影響をあたえたのは、トルコ料理である。

トルコ料理は、フランス料理、中国料理とならんで世界の三大料理といわれる。広大な版図から集めた食材や料理法を、イスタンブールの宮殿で洗練させたものが、現在のトルコ料理の起源である。その痕跡を、クッキングスクールでつくったレシピにあらわれる料理の名称などにさぐってみよう。

タラモ

ギリシャではコイやタラ、ボラの卵の塩漬けを使用するが、日本で入手しやすいタラコを使用したので、献立には「タラコのサラダ」と記されている。日本のギリシャ料理店でもタラコを利用することがおおく、この名がついたと誤解されがちだが、ギリシャでは「タラモサラタ」とよばれる。塩漬けにした魚卵を意味するギリシャ語の「タラモ」や、トルコ語の「タラマ」に由来する料理名である。

マッシュポテトに魚卵を和えてつくるのが定法で、ギリシャの名物料理のひとつになっているが、トルコにもある料理である。アメリカ大陸原産のジャガイモを使用するので、この料理の起源は、古代ギリシャとは関係がない。

ついでながら述べると、江戸時代に塩ウニ、コノワタとならんで天下の三大珍味とされたカラスミ（唐墨・烏魚子）は、ボラの卵巣の塩漬けを乾燥させてつくる。原理的にいえば、タラモを干したものがカラスミであり、現代でもカラスミに似た食品はトルコ、エジプト、ギリシャ、イタリア、南フランス、スペインの地中海圏でつくられる。

大航海時代に中国へやってきたヨーロッパ人がカラスミを伝えたようだ。台湾はカラスミの名産地とされるが、これは一七世紀前半に台湾を統治したオランダ人が伝えたものであろう。

日本には安土桃山時代に伝わり、豊臣秀吉がカラスミを食べた記録が残っている。

焼きなすのサラダ

この料理に使用されるヨーグルトは、トルコ語の「ヨウルト」に語源をもち、世界各地にこの名称が伝わった。トルコ民族の祖先たちはモンゴルから中央アジアに起源し、西方に移動した遊牧民であるとされる。

乳を重要な食料とする旧世界のすべての遊牧民、牧畜民は、プレーン・ヨーグルト状の発酵乳をつくる技術をもっていた。そのなかでもトルコ語名称が西欧に普及したのは、オスマン帝国が東欧を支配したことと関係をもつのではなかろうか。

トルコ料理にはヨーグルトが多用されるし、のちに述べるように飲料ともされ、トルコでのヨーグルト消費量は大きい。

この料理にはオリーブ油ももちいられている。オリーブ油は地中海を代表する料理材料で、トルコでは、古代から沿岸部で使用されていたようだ。遊牧に従事していた頃のトルコ民族の伝統的な油脂は、バターと動物の脂身であったと考えられる。現在のトルコ料理では、野菜料理にはオリーブ油、肉料理にはバターや脂身の動物性の油脂というふうに使いわけることがおおい。

ドルマ

トルコ語でドルマとは「詰め物」という意味である。

ドルマには、ナス、トマト、カボチャ、ズッキーニ、パプリカなどの野菜をくりぬいて、具を詰めて煮たものと、ブドウの葉、あるいはキャベツの葉で具を包んだり、巻いてつくるものがある。トルコの市場では、ドルマつくりに使用する塩漬けのブドウの葉が売られている。

ギリシャでは、野菜の葉で具を包んだ料理を「ドルマダキ」、あるいは「ドルマデス」という。具には、米と香味野菜、挽肉を炒め煮したものがおおい。いわばピラフを野菜に詰めた料理である。

ドルマに似た料理は、ササーン朝ペルシャや中世のアラブ文献に記録されているそうで、野菜の詰め物料理をアラビア語では「マハシー」という。ただし、ドルマつくりに米を使用することは、オスマン帝国に起源するという。

ゆでたキャベツの葉で、挽肉とみじん切りにした野菜の具を包んでつくる「ロールキャベツ」は、オスマン帝国からヨーロッパ各地に伝えられた料理だといわれている。

ムサカ

レシピに「なすのムサカ」がある。トルコ語の「ムサカ」の語源は、アラビア語で「冷やしたもの」を意味する「ムサッカ」にもとめられるという。

ムサカは、エジプトからイランにかけての東アラブ地方で野菜料理の冷めたものを、冷菜として食べたことに起源するようであるが、いまではオーブンで焼き、熱いうちに食べる料理として普及している。

北アフリカ、トルコ、ギリシャ、バルカン半島でつくられ、各地でムサカの名称でよばれている。その分布はオスマン帝国の版図にかさなる。

ギリシャでは、ナスやジャガイモ、ズッキーニのスライスや、マッシュルームやマッシュポテトなどの野菜のいずれかと、挽肉を層に重ねて、ホワイトソースをかけてオーブンで焼いてムサカをつくる。ホワイトソースを使うのは二〇世紀になって、ギリシャで考案された技術だといわれる。

ケバブ

ケバブ＝カバブというと、串に刺して焼いた肉料理が連想されるだろう。だが、トルコ語でケバブは焼き肉の総称であり、串を使用しないさまざまな種類のケバブもある。

ケバブの語源はアラビア語の「カバーブ」に由来するという。インド、パキスタン、アフガニスタン、アラブでは、現在でもカバーブという。ウイグルでは「カワーブ」、キルギスでは「ケベブ」、イランでは「キャバーブ」、バルカン半島では「チェヴァプ」というそうだ。

日本では「シシ・カバブ」とよばれる炭火で焼いた串焼き肉を、トルコ語では「シシュ・ケバブ」という。シシュとは、トルコ語で「串」をしめすことばである。

レシピでは、串に挽肉のつくねを巻きつけたケバブのつくりかたを紹介している。トルコでは、このチクワ状のケバブを「シシュ・キョフテ」という。挽肉でつくる肉団子状の料理を、トルコ語で「キョフテ」、アラビア語で「クフタ」とか「コフタ」、インドでは「コーフタ」、アルメニアでは「キュフタ」というそうだ。

レシピにあげた「ウルファ・ケバブ」とは、トルコのウルファ地方でつくられるケバブである。

アイラン

お上《のぼ》りさんのわたしは、夏のイスタンブール市街を三時間くらい歩きまわっているうちに、体調がおかしくなった。熱中症にかかったらしい。道ばたの喫茶店にはいり、「アイラン」を注文した。

アイランとは、液体状のプレーン・ヨーグルトに水と塩を混ぜて攪拌し、冷たくして供する飲料である。攪拌によって生じる気泡が含まれ、ほのかな酸味がさわやかである。汗をかいた身体に、水分、塩分と乳の栄養分を補給してくれる、暑い日にはもってこいの飲料だ。

喫茶店だけではなく、レストランでもアイランが供される。イスラーム教徒の国なので、食事のさいにアイランを飲む人もおおく、国民的飲料である。

アイランとおなじような飲料を、インドでは「ラッシー」という。ただし、ラッシーには塩味をつ

献 立 表

19880824

トルコ・ギリシャ料理の宴

タラコのサラダ

◆

焼きなすのサラダ

◆

トマトのドルマ

◆

なすのムサカ

◆

ウルファ・ケバブ

◆

アイラン
(トルコの飲み物)

海外出張しておられた先生がトルコに寄ったおり
土産物店で買ってこられたトルコ料理の本は
きちっとした日本語で書かれていてとても参考になりました
(友人がトルコに行った時にすかさず買ってきてもらいました)
ウルファ・ケバブは
野外用のバーベキューセットを持ち込んでがんばって作りました
おかげで、先生から本場にまけないとほめられたのが記憶に残っていますけたものと、甘味をつけたものがある。アイランを、ブルガリア語では「アイリャン」、ウイグル語では「アイラン」というそうだ。バルカン半島のブルガリアには、中央アジアから移住したトルコ系の遊牧民ブルガール人の血が混ざっているし、中央アジアのウイグル地方もトルコ系遊牧民の故地である。

そこで、アイランはトルコ人の祖先が中央アジアで遊牧生活をしていたとき以来の飲みものであろうと、わたしは勝手に想像している。

（1） 石毛直道「柳腰と出尻――体型論の試み」『季刊人類学』二〇巻三号　京都大学人類学研究会　一九八九年（再録『石毛直道自選著作集　第一一巻　生活学』ドメス出版　二〇一三年）

レシピ

タラコのサラダ（Taramosalata）　ギリシャ料理

〔**材料**〕

ジャガイモ中4個　タラコ中1腹　タマネギ中1／3個　レモン汁1／3個分　オリーブ油大匙3

飾り用野菜（レタス、ラディッシュ、ピーマン、パセリ、紫タマネギなど適当に）　黒オリーブの塩漬け

〔**作り方**〕

1、ジャガイモをゆでて、マッシュポテトにしておく。

2、タラコを縦半分に切り、茶さじで皮からこそげだしておく。
3、タマネギはみじん切りにしておく。
4、まだあたたかいうちにマッシュポテトにタマネギのみじん切りとタラコを混ぜる。レモン汁、オリーブ油を加え、さらによく混ぜる。
5、皿に盛り、フォークの背で飾りの筋目をつける。黒オリーブ、野菜で飾る。
＊ これはオードブルであるが、パンを添えて、主菜のひとつとしてもよい。冷やして食べるとよい。
＊ 盛ったうえから、さらにオリーブ油をかけてもよい。オリーブ油は、サラダ油で代用してもよろしい。

焼きなすのサラダ(Patican salatasi)　トルコ料理

〔**材料**〕
ナス8個　レモン汁2個分　ニンニク2片　塩適量　プレーン・ヨーグルト1／2カップ　オリーブ油大匙1　飾り用野菜(トマトのスライス、青トウガラシの角切りなど)　黒オリーブの塩漬け

〔**作り方**〕
1、ナスを焼き、皮、種子をとり除き、レモン汁をかける。
2、ニンニクをすりつぶす。焼いたナスをつぶして(フォークの背でつぶす、すり鉢、ミキサーでつぶすなど)ペースト状にし、ニンニク、ヨーグルト、オリーブ油、塩を混ぜあわせ、冷蔵庫で冷やす。
3、皿に盛り、黒オリーブ、トマトのスライス、青トウガラシの角切りなどで飾る。

＊　オードブルとして供する。

トマトのドルマ(Etli domates dolmasi)　トルコ料理

〔**材料**〕

トマト8個　牛肉赤身の挽き肉100g　米50g　タマネギ1個　ディル1葉　塩・胡椒各適量

オリーブ油適量　スープストック適量

〔**作り方**〕

1、タマネギをみじん切りにして水分をしぼり、米と一緒にオリーブ油で炒め、透明になったら水を加え、弱火で一〇分炊く。挽き肉、ディルのみじん切り、塩・胡椒を加え五分したら火からおろす。炊きすぎぬように注意。米が生煮え程度がよい。

2、トマトのへたを切りとり、茶さじで内部をくりぬいておく。

3、トマトに1を詰め、へたで蓋をする。平鍋に並べ、スープストックをそそぎ、中火で三〇分煮る。

＊　熱いうちに食べても、冷やして食べてもよい。

なすのムサカ(Patlıcan musakka)　トルコ料理

〔**材料**〕

ナス6個　タマネギ1個　トマトペースト適量　オリーブ油適量　バター適量　牛挽き肉150g

塩・胡椒適量　スープストック1カップ　パセリ適量

〔**作り方**〕

1、ナスの皮をむき、縦1／2に切り、塩をふって三〇分おき、しんなりとさせる。

2、タマネギをみじん切りにし、挽き肉とオリーブ油で炒め、トマトペーストとスープストック1カップを加え、塩・胡椒で味をととのえ、ミートソースをつくる。

3、バターを塗ったオーブン用の皿にナスの半分を敷きつめ、そのうえにミートソースをのせ、残りのナスでおおい、スープストックを加えて、オーブンで三〇分程度焼く。

4、切りわけて皿に盛り、パセリのみじん切りをちらす。

＊ メインディッシュとして供する。

ウルファ・ケバブ(Urfa kebab)　トルコ料理

〔**材料**〕

マトンかラムの挽き肉800g　タマネギ1個半　オリーブ油適量　トマト2個　パセリ　黒胡椒

トウガラシ粉　塩

〈つけ合わせ〉　紫タマネギ、レタス、ラディッシュ、レモンなど

〔**作り方**〕

1、タマネギ、トマト、パセリをみじん切りにしておく。

2、ボールに挽き肉を入れ、タマネギ、トマト、パセリ、オリーブ油、黒胡椒、トウガラシ粉、塩を混ぜあわせ、よく練る。

3、串四本に2をチクワ状に付け、炭火で焼く。

4、紫タマネギ、レタス、ラディッシュ、レモンなど適当な生野菜のつけ合わせと一緒に盛る。

アイラン（Ayran）　トルコの飲み物

プレーン・ヨーグルトに塩水を混ぜ、ミキサーで攪拌し、冷蔵庫で冷やしておく。

北イタリア料理

外国人研究員として民博に滞在していたイタリア・パドヴァ大学教授のアントニオ・マラッツィさんをクッキングスクールの講師にむかえ、簡単につくれる北イタリア料理を指導してもらったときの記録である。

スペッツァティーノ

「スペッツァティーノ」とは、角切りにした肉の煮込み料理の総称である。献立表には「こまぎれ肉のソース」と記されているが、「イタリア風牛の煮込み料理」あるいは「イタリア風ビーフシチュー」とでもいうべき、メインディッシュにもなる一品料理である。そこで、本書のレシピでは「牛肉の煮込み料理」という表記に変えている。

ビーフシチューとくらべて、手間ひまかけずに短時間でできる。イタリア全土の家庭でよくつくられるメインディッシュ料理である。

レシピでは牛肉を使用しているが、豚肉、羊肉、鶏肉でこの料理をつくってもよい。

マラッツィさんは、日本で簡単に入手できる生シイタケとナスを使用しているが、マッシュルームやポルチーニなど洋風のキノコとセロリなどの野菜を使用してもよい。サラダオイルではなく、オリーブオイルを使い、トマトをいれるまえに白ワインを加えれば、よりイタリア風の味を楽しむことができる。

イタリアでの食事のコースは、前菜である「アンティパスト」、第一の皿である「プリモ・ピアット」、第二の皿の「セコンド・ピアット」、デザートである「ドルチェ」の順に配膳される。第二の皿には、魚料理か肉料理が供されるが、「スペッツァティーノ」もそのひとつである。

今回のクッキングスクールでは、コース料理の形式をとらず、「スペッツァティーノ」に「ポレンタ」を添えた北イタリアでよく食べられる献立を教わった。

ポレンタ

ポレンタは、北イタリアでパンのかわりの食品とされてきた。パンコムギの生産に適さない山岳地帯の北イタリアでは、スペルトコムギやキビの粉や乾燥したクリの実の粉を粥状に加工して食べていたが、これがポレンタの原型であるという。

新大陸発見後、イタリアに生産性のたかいトウモロコシ栽培が普及し、粗挽きトウモロコシ粉でつくるポレンタが北イタリアの農民の常食となったそうだ。

ポレンタとおなじ料理は、クロアチア、ルーマニア、ハンガリーなどの東ヨーロッパで、コムギの生産にむかない山岳地帯に普及している。

イタリアのコース料理で「プリモ・ピアット」という第一の皿では、スープか、コメをスープで煮

献 立 表

19870423

北イタリア料理

こまぎれ肉のソース

SPEZZATINO

◆

トウモロコシ粥

(ポレンタ)

POLENTA

Chef A・マラッツィ

思い出されるのは、マラッツィ先生の同行されていたお嬢さん

とても美人！

オブザーバーの男性方は、彼女と話しこんで、団子より花

ポレンタの量に後で困ったのもなつかしい思い出です

たリゾット、あるいはパスタ、またはポレンタのいずれかが供される。スープ以外は炭水化物の料理であるが、コムギを生産するイタリアの南部ではスパゲッティなどのパスタが供されることがおおいのにたいして、北イタリアではポレンタがよく供される。

日本でも、自分でコーンブレッドやコーンフレークをつくる人のために、コーンミールという名でトウモロコシ粉を売っている。

レシピには記載されていないが、トウモロコシ粉を熱湯で煮るとき、鍋底に焦げつかないように、絶えずかき混ぜることが必要である。

おいしいポレンタをつくるには、一時間ちかくかき混ぜて練りあげるとよいとされ、イタリアではポレンタ専用の電動式かき混ぜ器が売られているし、インスタント食品のポレンタもある。

トウモロコシ粉にソバ粉を混ぜたり、塩、オリーブオイル、バター、牛乳、チーズを加えるなどして、わが家独特の味のするポレンタをつくる家庭もおおいそうだ。

ポレンタをたくさんつくりすぎてあまったときは、板状に成形して固めて保存し、オーブンで焼いたり、油で揚げて食べるとよい。

レシピ

牛肉の煮込み料理(Spezzatino)

〔**材料**〕

牛肉(できれば子牛肉)350g　タマネギ1／2個　ニンジン1／2本　生シイタケ4枚　ナス1本

コスタ（高菜）1／4把　水煮トマト1缶　サラダオイル大匙1　塩大匙1　小麦粉1／2カップ

〔**作り方**〕

1、肉を2cm角に切る。野菜はさいころ程度の大きさに切る。

2、鍋にサラダオイルを入れて、タマネギ、ニンジンを少しこげ目がつく位に強火で炒める。

3、つぎに肉と水煮トマトを入れて煮込む。

4、火が通ってきたら、ナス、シイタケを入れ、水をひたひた位に注ぎ、塩を加えて、弱火で煮つづける。

5、コスタ（高菜）を入れ、しばらく蒸し煮をした後、ふるった小麦粉を加えて、とろみがつけばできあがり。

ポレンタ（Polenta　トウモロコシ粥）

〔**材料**〕

コーンミール500g　熱湯10カップ位　塩少々

〔**作り方**〕

1、湯が沸騰したら、コーンミールを入れて、火を弱めて混ぜる。

2、途中、水分がたらなければ、熱湯をときどき足す。弾力がでてきたら、塩を少々加える。

3、適当に火が通れば、できあがり。時間はいくらかけてもよいそうだ。

＊　できあがったポレンタを、四角く形をととのえて冷ました後、包丁で適当な大きさに切って、と

ろけるチーズを間にはさんで網の上にのせて、こんがり焼いたり、熱いポレンタを皿に盛って、スペッツァティーノ(牛肉の煮込み料理＝イタリア風ビーフシチュー)をたっぷりかけて食べるとよい。

スペインの歴史と食文化

多様な地方料理

スペイン、ポルトガルのあるイベリア半島は、中央部を山脈や高原が占め、南北に細長く、地中海と大西洋に面し、ジブラルタル海峡の対岸はアフリカである。そこで地域によって環境が異なり、料理に利用される食材も異なっている。

また、イベリア半島は地中海文明、西欧文明、イスラーム文明の交差する場所に位置するので、食文化の歴史も、これらの文明から影響をうけている。

紀元前五〇〇年から紀元前三〇〇年頃にはイベリア半島の地中海側には、フェニキア人とギリシア人の植民都市が築かれた。ついでカルタゴの支配下となるが、紀元前二〇二年の第二次ポエニ戦争でカルタゴ植民都市はローマ帝国に編入された。五世紀初頭には北方のゲルマン系民族がイベリア半島に侵入して王国を建設すると、イベリア半島の住民の大部分がカトリック教徒となった。

八世紀初頭に、北アフリカのイスラーム国家であるウマイヤ朝が侵入し、イベリア半島の大部分がイスラーム支配下となったが、キリスト教徒とユダヤ教徒は改宗せずに信仰をまもることも許された。

いっぽうイベリア半島を、ふたたびキリスト教徒の支配下におこうとするレコンキスタ運動が数百年つづいたすえに、一四七九年にキリスト教徒の国家であるスペイン王国が誕生した。

このような歴史のなかで、統一国家であるスペイン王国の成立以前には、地域ごとに小王国が並立していたので、食材を生産する地域の環境や、その地域に影響をおよぼした外界の文明のちがいにおうじて、多様な食文化が形成された。

そこでスペイン料理と一括りにせず、マドリード料理、バスク料理、アンダルシア料理、バレンシア料理、カタルーニャ料理……のように、地方別に分類するのが一般的である。

オリーブオイル

地方料理の別をこえて、スペイン全土の料理に共通するのはオリーブオイルを多用することである。サラダや揚げ物、炒め物に使うだけではなく、煮物やデザートの菓子つくりにももちいられ、たいていの料理にオリーブオイルが関係してくる。

トーストにもバターをつけるのではなく、オリーブオイルをつけて食べる。スペイン人にとって、オリーブオイルは調味料でもあるのだ。

スペインではオリーブオイルを「アセイテ・デ・オリバ(aceite de oliva)」という。スペイン料理で油(アセイテ)といったら、ほとんどの場合オリーブオイルのことである。

オリーブを栽培し、その果実から油を絞ることは地中海文明に起源する。スペインが古代ローマ帝国に編入されたとき、ローマ人がオリーブオイルの製法、コムギとパン、ワインの製法、ニンニク、ブタを伝えたという。

スペインは世界のオリーブオイルの四〇%を生産する、世界第一位の生産国であり、スペイン産オリーブオイルは世界各地に輸出されている。現在では、スペイン全土でオリーブが栽培されているが、オリーブオイルの主産地は南部のアンダルシア地方である。

オリーブの果実の酢漬けも、スペイン料理によく使用される。

コメ

スペインとイタリアはヨーロッパでいちばんよくコメを食べる国である。

八世紀初頭に、北アフリカのモロッコ方面からイベリア半島に進出した、ムーア人(ベルベル人とアラブ人のイスラーム教徒)が稲作やナス、タマネギなどの蔬菜《そさい》を伝えた。スペイン語でコメをアロス(arroz)というが、それはアラビア語のアル・アルス(al aruz)に語源をもつことばである。

スペインで栽培されるコメは、インディカ種と熱帯ジャポニカ種であり、この二種の生産量はほぼ等しい。インディカ種は長粒で粘り気のない、いわゆる外米である。熱帯ジャポニカ種は、かつてはジャバニカ種といわれていた。その粒形は日本米に似ているが、日本米ほど粘り気がなく、東南アジアの熱帯でよく栽培される品種である。遺伝子の研究にもとづいて米の品種分類法が変化し、現在ではジャバニカ種はジャポニカ米の一グループとみなされるようになった。

初期の稲作は、地中海に面したバレンシア近郊ではじまったといわれ、現在でもバレンシア地方はスペイン有数の稲作地帯である。

バレンシア起源で世界に知られたスペインの米料理に、パエリアがある。肉、魚介類、野菜などの具をオリーブオイルで炒めてから、コメ、サフラン塩、水などを加えて煮た料理である。パエリアはスペイン全土で食べられているが、鶏肉やウサギ肉をいれてつくったものを「パエリア・バレンシア(バレンシア風パエリア)」という。

ついでながら述べると、パエリア(paella)という料理名は、鍋の名称に由来する。フライパンの両側に取っ手をつけたような平鍋をパエリアといい、この鍋でつくる米料理もパエリアとよぶようになったそうだ。

ほかにも、さまざまな具をいれたスープでコメを煮た雑炊風の米料理、オーブンで焼いた米料理、サラダ仕立ての米料理など、スペイン料理にはコメを主材料とする料理がたくさんある。しかし、すべて具材を混ぜて、味つけをしたもので、プレーンライスはない。

食卓に味つけをしない白い御飯を供するのは、コメを主食とするアジアでのことである。

スペイン料理とイタリア料理

スペインとならんで、ヨーロッパでコメをよく食べるのは、ピラフ風の米料理をつくるイタリアである。オリーブオイルを多用すること、魚介類の料理がおおいことも、スペインとイタリアに共通する。

イタリアではスパゲッティやマカロニなどのパスタ料理が発達し、スペイン料理はヒヨコマメ、レンズマメ、エンドウマメ、インゲンマメの豆料理がよく食べられる、といったそれぞれの国の料理の特色があるが、地中海圏の食文化の共通点がおおい。

おなじく、地中海にも面しているフランスでも、中世までは、スペインやイタリアと共通する食文化要素がおおかったと考えられる。その後、フランスでは、ルネッサンス期にイタリアで発達した洗練された料理技術の影響をうけ、宮廷を中心に高級料理が発達し、世界に有名なフランス料理が形成された。

フランスでは南部でしかオリーブが育たないので、バター、クリームなどの脂肪分のおおい乳製品を利用した料理が発達した。フランス料理では、コクのある動物性脂肪と、香辛料を多用したさまざまなソースがもちいられるが、素材の原型がわからないほど加工し、中国料理同様「自然には存在しない味を創造すること」が、その理想とされるようになった。

それにたいして、地中海圏のヨーロッパ料理のなかで、素朴で素材を重視する傾向がつよいのがスペイン料理である。「食材の持ち味をだいじにする日本人にも親しみのもてる食文化」というのが、わたしの個人的な印象である。

簡単なスペイン料理

一九八九年六月、わたしは、著名な料理人で日本料理の研究家でもある友人の奥村彪生さんと一緒に、スペイン、ポルトガル、ドイツ、スイスを旅行した。国際交流基金の依頼で、これらの国々で「日本の食文化」についての講演をおこなったのである。

その頃は、まだパワーポイントが普及する以前で、わたしはカラースライドを使用して講演をすることがおおかった。

献 立 表

19890725

簡単なスペイン料理

スペイン風オムレツ
トルティーリャ・ア・ラ・エスパニョーラ

◆

いわしの塩焼き
サルディナス・アサダス

◆

イカのスミの炊き込み御飯
アロス・ネグロ

石毛先生が奥村先生等とスペインへ行かれて、
そのおみやげ料理です
いわしの塩焼きは素朴な料理で日本にもあるものなのですが
一味、違った味が新鮮なおどろきのあるものでした
スペインでは屋台で
けっこうな歳のおばさんが皿に盛られた大ぶりないわしを
8匹程たいらげるのを見たとおっしゃっていました

しかし、日本料理を知らない外国人の聴衆にとって、料理の写真は「絵に描いた餅」にすぎない。口にして、味わってみないことには食を理解してもらうことはできない。これが、わたしの持論である。

そこで、奥村さんに、わたしの講演にでてくる料理を壇上でつくってもらい、聴衆に試食してもらったのである。

その料理の材料をみつけるために、二人で市場に出かけることがおおかった。どの国でも、市場のそばには屋台風の食べもの屋があり、庶民的な料理を食べさせてくれる。

スペインには「バル」という、バーと軽食堂が一緒になったような店が街のいたるところにある。朝の出勤の途中に行きつけのバルでコーヒーを飲んだり、バルで昼食をすませ、夕方にはバルで一杯やるといったふうに、バルは都市のスペイン人の生活にとけこんでいる飲食店である。

ヨーロッパの講演旅行から帰った直後に開かれたクッキングスクールでは、スペインのバルや屋台で食べた、簡単につくれる庶民的料理を紹介することにした。

レシピ

スペイン風オムレツ(Tortilla a la española)

〔**材料**〕

卵八個　ジャガイモ200g　オリーブ油適量　塩

〈つけ合わせのサラダ〉トマト適量　タマネギ適量　オリーブの実適量　シーチキン

〔**作り方**〕

1、皮をむいたジャガイモを縦に薄切りにして、フキンで水気をぬぐう。オリーブ油で炒め、塩味をつける。

2、ボールに卵をほぐし、軽く塩味をつける。これをジャガイモに加え、両面に薄い焼け色をつける。

3、皿のかたわらに、つけ合わせのサラダをのせる。サラダのドレッシングはオリーブ油と酢、塩を基本とする。

＊　オードブルとしてもよいし、量をおおくすると、これだけでメインディッシュにもなる。

いわしの塩焼き(Sardinas asadas)

〔**材料**〕

イワシ大12尾　オリーブ油適量　バター適量　パセリみじん切り　塩

〔**作り方**〕

1、新鮮なイワシを用意し、フキンで水気をぬぐい、内臓をとらずに塩とオリーブ油をふり、網焼きにする。皿に盛り、パセリのみじん切り、バターを落とす。熱いうちにバターをのせて溶かすのがコツ。

＊　スペインの料理書によれば、四人前でイワシ大24尾となっている。

＊　大きなイワシの場合はウロコを落としたほうがよい。

＊　日本人にはバターなしのほうがよいかもしれない。レモンを絞ってかけてもよい。

イカのスミの炊き込み御飯(Arroz negro)

〔材料〕

小さいイカ500g　米400g　刻んだタマネギ200g　皮をむいて刻んだトマト200g(缶詰のホール・トマトでもよい)　皮の厚いピーマン2個　オリーブ油適量　ニンニク3片　塩適量

〔作り方〕

1、イカのスミをとり、別にしておく。イカの甲と脚はぶつ切りにする。

2、平鍋か土鍋を火にかけ、サイの目に切ったピーマンとタマネギをオリーブ油で炒める。なかば火が通ったらイカを加え、イカに色がつくまで炒め、別に炒めておいたトマトを加え、最後に1／4ℓの熱湯を入れ、一五分間とろ火で煮る。

3、ついで、約500mℓの水と米を入れ、はじめは強火でときどきかきまわしながら煮る。塩で味つけをし、少量の米の煮汁で溶いたイカのスミを加える。火を弱くして煮つづけるか、鍋ごとオーブンに入れる。一五分たって米がパサパサになったら、卵ぬきのアリオリをテーブルスプーン4〜6杯ふりかける。鍋ごと食卓に供する。

＊　日本米ではパサパサには仕上がらないが、気にしないこと。

＊　卵ぬきのアリオリの作り方

すり鉢でニンニク数片をすりつぶし、ほんの少し塩を加えてペースト状にし、1dℓのオリーブ油を少しずつ加える。油が分離しないよう気をつける。

＊　これに卵の黄身を入れたのが普通のアリオリで、ニンニク入りのマヨネーズのようなものである。

以上のレシピの出典

ネストール・ルハーン&ファン・ペルーチョ（著）坂本修・南由利子（訳）『スペイン料理――風土と調理法のすべて』三洋出版貿易　一九七六年

レシピ追記

スペイン風オムレツ

ジャガイモのオムレツは、スペインの定番料理のひとつである。

わたしが大学院生のとき、スペイン留学から帰ってきた女友達がつくったのを食べたのが、スペイン風オムレツの最初の経験である。

オムレツといえば、薄く焼いた卵を袋状にまとめるのが普通であるが、厚さが三cmもある分厚い円形に焼きあげたものを供されたので、意外だったことを記憶している。

ジャガイモは、五mmから一cm以内のやや厚めに切り、少し多めのオリーブオイルを使用して、なかば揚げるように火を通す。卵やジャガイモには、塩のほかに胡椒を加えて味つけすることもおおい。厚いので、フライパン返しで裏返すのは困難である。片面が焼けたら、皿をのせて蓋をして裏返しにする。

ニンニクやタマネギで風味をつけたり、ハムやピーマンなどの具材を加えることもあるが、レシピではもっとも基本的なつくりかたを紹介した。

イカのスミの炊き込み御飯

スペイン語の arroz はコメやご飯をしめし、negro は「黒」という意味なので、直訳すれば「黒いご飯」という料理名である。イカ墨で色づけをしたこの料理は、バレンシアとカタルーニャ地方の名物である。

旧約聖書のレビ記に、「水の中にいてヒレやウロコのないものは、すべて汚らわしいものである」と書かれているので、ユダヤ教徒はイカ、タコを食べないし、イスラーム教徒も食用にしない。英語でタコを「悪魔の魚(devilfish)」ということからわかるように、アルプス以北のヨーロッパでも食さない。

しかし、地中海圏のギリシャ、イタリア、スペイン、ポルトガルではイカ、タコをよく食べるし、イカ墨を使用した料理もつくられる。ちなみに、タコの墨袋は内臓の奥まったところに位置し、取りだしづらく墨の量もすくないので料理にもちいることはない。

古代の地中海圏で、イカ墨はインクや絵の具の材料とされてきた。黒褐色をセピアというのは、イカ墨の色に由来するという。

イカ墨には、うま味の素となる、アスパラギン酸やグルタミン酸が含有されている。また、イカ墨には薬効があると信じられ、中世のヴェネチアで黒死病(ペスト)が流行したときには、イカ墨が好んで食べられたという。日本でイカ墨をもちいた食べものに富山県の郷土料理「イカの黒づくり」がある。これはイカ墨を混ぜてつくったイカの塩辛である。また、沖縄では「イカ墨汁《じる》」がつくられる。

このイカ墨料理をつくるとき、いちばん気をつかうのがイカの下ごしらえである。

イカの墨袋は、ゲソ(イカの足)につながる内臓の一部である。イカの胴に指をつっこんで、胴体とゲソのあいだの筋をはずし、ゲソの付け根をもって内臓ごと引き抜いてから、墨袋をきれいに取りのぞかねばならない。

また、ゲソについている吸盤は、煮るとコリコリした違和感のある食感になるので、取りのぞいておく。

できあがった料理は、駅弁のイカ飯を連想させるような味となる。

フランスの家庭料理 三品

『記念レシピ集』に収録されたもっとも古い記録は、一九八一年一二月二一日のレシピである。フランスでよく食べられる家庭料理三種類の献立である。

カボチャのスープ

フランスの家庭料理で人気のあるこのスープを「スープ・オー・ポチロン(Soupe au potiron)」という。カボチャをフランス語で「ポチロン」、英語では「パンプキン」というので、イギリスではこの料理を「パンプキン・スープ」とよぶ。

フランスの家庭では、秋から冬にかけての寒い季節にこのスープがよくつくられるという。ここでは米をいれたつくりかたを紹介したが、米のかわりに冷やご飯を使ったり、米を省略したりしてもよい。

家庭料理なのでカボチャのほかに、ジャガイモやニンジン、タマネギを加えたり、ローリエ、シナモン、ナツメグなどの香辛料で香りつけするなど、さまざまなつくりかたがある。ただし、カボチャをつぶしてペースト状にすることと、牛乳、あるいは生クリームを使用することは、この名のついたスープの必須条件である。

濃厚な味がお好みだったら、固形ブイヨンを加えたり、仕上げに生クリームを加えてつくってもよい。また日本では、牛乳のかわりに豆乳を使用して、さっぱりとした味のスープに仕上げてもよい。

ニース風サラダ

フランスの南東部に位置し地中海に面したニースは、一九世紀頃から国際的な保養地、観光地として有名である。温暖な気候のこの地方は、フランス最大の野菜と果物の産地である。イタリアにちかいのでオリーブオイルを多用し、バターをほとんど使用しない料理が発達した。

「ニソワーズ(ニース風)」と名づけられた料理には、オリーブオイル、トマト、ニンニク、アンチョビーの塩漬けを使うことがおおい。

ニース風料理のなかで、世界によく知られているのが、この「サラド・ニソワーズ(ニース風サラダ)」であろう。本場では、このサラダには、すべて生の野菜を使用し、ドレッシングには酢を使わず、トマトは四つ切りにするという、きまりがあるそうだ。

また、生野菜のほかに、ゆで卵、黒オリーブを加えるのが普通である。ニンニクはドレッシングに加えるのではなく、ニンニクを切ったものをサラダを盛る皿にこすりつけるのが正式であるという。

しかし、ニース風サラダが各地に普及していく過程で変化し、このレシピでは酢であるヴィネガーに、つぶしたニンニクを加えてヴィネグレットソースをつくっている。

オリーブオイルと酢(ヴィネガー)を三対一くらいの割合に混ぜて、塩・胡椒で調味したヴィネグレ

献立表

19811221

カボチャのスープ

Soupe au potiron

◆

ニース風サラダ

Salade niçoise

◆

若どりのクリームソース煮

Poulet à la crème

記念すべき第1回目のメニューと思われるでしょうが
本当はこれが最初かどうかさだかではありません
たまたま
私たちが集めたレシピの中で一番古い日付だったということです
しかし、こうして歴史は定着していくのです
さあ、始まり始まり

ットソースは、フレンチドレッシングともよばれる。

若どりのクリームソース煮

代表的な家庭料理である。

レシピでは若どり(骨つき)とあるが、手軽につくるには骨つきの股肉《またにく》(腿肉)を使用したらよい。レシピにはないが、炒めるまえに鶏肉にも塩、胡椒をすりこんでおくのがよい。マッシュルームと鶏肉を煮るとき、「1／4カップの水をそそぎ」と記されているが、これでは水の量がすくなすぎる。鶏肉が浸る程度の水を加えるべきである。できれば、水だけではなく、白ワインも加えたらよい。

この料理のつけ合わせには、バターライスをそえることがおおい。冷や飯をフライパンでバター炒めにするか、熱い米飯にバターを混ぜて、そのうえにパセリのみじん切りでものせたら、簡単な日本流のバターライスをつくることができる。

レシピ

カボチャのスープ(Soupe au potiron)

〔**材料**〕

カボチャ500g　牛乳1ℓ　米60g　塩・胡椒

〔**作り方**〕

1、皮をむいたカボチャを薄くスライスして、1~2カップの水で一五分、蓋をして煮る。
2、カボチャをつぶす。
3、つぶしたカボチャに牛乳を加えてピューレ状にして火にかけ、煮立ったら米を加え、とろ火で二五分間煮てから、塩・胡椒で味をととのえる。
＊ カボチャを煮たものに牛乳を入れて、ミキサーにかけてピューレにしてもよい。

ニース風サラダ(Salade niçoise)

〔**材料**〕
ニューヨーク・レタス大1個　固ゆで卵2個　トマト大2個　タマネギ大1／2個　黒オリーブの実数個　ラディッシュ6個
〈ヴィネグレットソース用〉アンチョビーのフィレ(缶詰)6本　ニンニク1片　オリーブ油200cc　白ワインヴィネガー75cc　塩・胡椒

〔**作り方**〕
1、トマトは皮をむいて四つ割りにし、ゆで卵も四つ割り、タマネギは薄切りにする。
2、アンチョビーとニンニクをつぶして、オリーブ油、ヴィネガーに加え、塩・胡椒を入れて混ぜ、ヴィネグレットソースをつくる。
3、皿にニューヨーク・レタスを敷き、1とラディッシュ、黒オリーブの実をのせ、2のヴィネグレットソースをかけて供する。

＊　アンチョビーペーストを使用してもよい。

若どりのクリームソース煮(Poulet à la crème)

〔**材料**〕

若どり(骨つき)1kg　マッシュルーム250g　タマネギ大1個　生クリーム1／2カップ　小麦粉小匙1　バター適量　塩　胡椒

〔**作り方**〕

1、鍋にバターを溶かし、鶏肉を入れてときどき返す。赤褐色になるまで比較的弱火で炒める。

2、タマネギのスライスを加え、これも色づくまで炒め、塩・胡椒を入れる。

3、マッシュルームのスライスを加え、1／4カップの水をそそぎ、ときどき鶏肉を返しながら、蓋をして約三五分間煮る。このとき、水ではなく、チキンコンソメを溶いたスープを使用してもよい。

4、小麦粉に生クリームを入れてフォークで混ぜあわせたものを煮汁にそそいで、とろみをつける。

ペルー料理を楽しむ

中南米文化の研究をしていた藤井龍彦さんと山本紀夫さんにペルー料理をつくってもらった。開催当時は、藤井さん、山本さんは国立民族学博物館助教授であったが、三〇年後の現在では二人とも名誉教授である。

サルサ

ラテン・アメリカ料理でのサルサとは、スペイン語のソースに起源する名称である。この回は、キュウリ、トマトなどの生野菜のドレッシングとして、これらのサルサをつかい、三種類の野菜サラダをつくった。

献立には三種類の「サルサ」のレシピがある。サルサのつくりかたが記されているだけで、どのような種類の生野菜にかけたのかは記載されていない。

サルサ1に「ロコト」という材料がでてくる。ロコトとは、ペルーを代表するトウガラシで、完熟したら赤色あるいはダイダイ色になる小形のピーマンである。普通のピーマンよりも辛味がつよいものがおおいが、辛いだけではなく甘味も感じられる。

現在では日本でも栽培されるようになり、入手可能であるが、この料理教室開催時には、まだ市販されていなかったはずである。たぶん、藤井さんがペルーからもちかえった乾燥ロコトを水でもどして使用したのであろう。普通のピーマンに少量のトウガラシ粉をたして代用することも可能である。

ドレッシングの材料に「コミーノ」とあるのは「クミンシードの粉」のことである。

サルサ2にでてくる「アヒアマリージョ」は南米アンデス地帯の黄色いトウガラシで、ペルー、ボリビア、チリーの料理によく使われる。このときは藤井さんがペルーからもちかえった瓶詰めを使用したが、現在では日本でもアヒアマリージョの瓶詰めが市販されている。

アロス・コン・ポーヨ

これはペルー風のピラフである。アロスは「ご飯」、コンは「いっしょに」、ポーヨは「ニワトリ」という意味なので、直訳したら「鶏肉ご飯」というペルーの家庭料理である。

レシピでは赤ワインを使っているが、ビールや黒ビールを使うこともあるそうだ。ペルー北部では、「チチャ」というペルーの地酒を使用してつくるという。

白人がやってくるまえの伝統的なチチャは、キヌアという穀物やトウモロコシに唾液を混ぜて発酵させた、アンデス地方の口嚙み酒であった。山本紀夫さんの研究によると、白人が麦芽《ばくが》の発酵力を利用してビールをつくる技術を伝え、トウモロコシを発芽させてつくる現在のチチャになったという(1)。

チチャの味は、いささか酸っぱいがさわやかであり、ビールに似ている。紫トウモロコシでつくったチチャは黒ビールや赤ワインに似た色のものがある。

〔材料〕の項に「クーラントロ」と記されているものは、ペルーの共通語であるスペイン語で「コリアンダー（香菜）」をしめす。

セビチェ談義

ペルー料理の講習をしてもらったときは、わたしはまだ中南米を訪れたことがなかった。その後、何度かラテン・アメリカを訪れる機会があり、この地域の料理を味わうことができた。刺身を食べる日本人として、中南米料理のなかで、いちばん興味をひかれたのが、レシピにもあるペルー起源のナマス料理であるセビチェである。

セビチェ談義をするまえに、すこしばかり東アジアの「ナマス」について述べておこう。

漢字ではナマスを膾、鱠と表現する。古代中国で、ナマスはもともとは薄切りの生肉を生食する料理で、漢字では部首に「にくづき」を使用した「膾」と記したが、生魚を食べることが流行するようになると魚偏の「鱠」という文字が使用されるようになった。ちいさく切った生の魚肉に、ニンニク、ショウガ、カラシなどの香辛料と、塩や酢、味噌状の調味料をつけて食べたのである。

明代以後の中国料理では生食を忌避し、すべてを火熱で処理して食べるようになったので、ナマスや刺身状の料理は食べられなくなってしまった。

朝鮮半島では「フェ（膾）」といって、生の牛肉や魚を切って、トウガラシ味噌である「コチュジャン」と酢を基本とした調味料で和えて食べる料理が、現在でも食べられている。日本の韓国料理店で供される「ユッケ」は、漢字では「肉膾」と表記される。

日本でも、古代から魚介類や野菜、ときには鹿肉や鳥類の肉をナマスにして食べることがおこなわれていた。室町時代から刺身ということばがあらわれ、江戸時代に醬油とワサビで刺身を食べることが一般的になると、ナマスは酢を使用した「和えもの」の一種とされるようになり、正月料理の「紅白ナマス」のように動物性食品を使用しない「精進ナマス」もあらわれるようになった。

ペルー料理のなかで、日本人がいちばん好むのが、生の魚介類のナマス料理であるセビチェである。ペルー人も大好きで、セビチェリアとよばれる専門料理店がペルー全土にある。

セビチェは「クリオーヤ料理」である。ラテン・アメリカでは「クリオーヤ料理」、カリブ海方面では「クレオール料理」とよばれるものは、中南米を征服して植民地化したヨーロッパ人と、先住民のインディオ、奴隷として連れてこられたアフリカ人の食文化の交流によって成立したものである。インカ帝国の中心地であり、征服者スペイン人の植民地行政の中心地であったペルーでは、クリオーヤ料理が発達した。現在のペルーの家庭で食べられる料理のほとんどがクリオーヤ料理である。ヨーロッパ人がやってくる以前から、ペルーでは生魚に、塩とアメリカ原産のトウガラシで味をつけて食べていたそうだ。

現在の一般的なセビチェのつくりかたは、レモン汁にトウガラシ、生タマネギと塩を加えてマリネードする。盛りつけにはクーラントロ(コリアンダー＝香菜)の葉を散らし、つけ合わせに、ゆでたトウモロコシやサツマイモの薄切りをそえるのが定法だ。レモンの酸味とトウガラシの辛味に、サツマイモの甘味がよくあう。

トウガラシ、トウモロコシ、サツマイモは中南米原産の作物である。レモンなどの柑橘類は新大陸にはなかったし、タマネギ、クーラントロも白人がもちこんだ作物である。

こうしてみると、セビチェは旧大陸原産と新大陸原産の材料をあわせることによって成立した料理であるといえよう。

セビチェという名称は、インカ帝国の公用語であったケチュア語のシウィチ(siwichi)に起源するという説のほかに、アラビア語で「酸っぱい食べもの」を意味するシベシュ(sibesh)に由来するという説もある。

スペイン人の征服者たちは、ペルーへの航海の途中に、しばしば北アフリカ沿岸を襲い、イスラーム教徒の女性たちを奴隷として連れてきたとのことである。その奴隷女たちが、スペイン人のもたらした柑橘類の汁を使って、土着の生魚料理を改良したのがセビチェだというのである。いずれにせよ、セビチェはペルーの沿岸部に起源する料理で、現在ではラテン・アメリカのおおくの国々で食べられるようになった。

ここで紹介しているレシピは、イカを主材料としたので湯通しをしているが、新鮮な白身魚やタコ、エビ、貝類なら、なんでも刺身状に切って、湯通しせずにセビチェにすることができる。レモン汁、トウガラシ、タマネギ、塩のほかに、好みの香味野菜を加えて、自己流のセビチェを発明されたら、いかがだろうか。

この料理のコツは、食べる寸前にレモン汁に漬けることである。長く漬けて、魚肉の芯まで白く色が変わってしまったら、魚の持ち味が失われてしまう。食べおわったら、汁を飲んでしまおう。材料のエキスが抽出された酸っぱい汁は「虎の乳」といって、強壮剤としての効果をもつといわれている。

ピスコサワー

ピスコはペルーとチリーでよく飲まれる蒸留酒である。

一六世紀にスペイン人が、大西洋沿岸のカナリア諸島から南米にブドウを伝えた。ペルーの気候は糖度のたかいブドウの栽培に適していたため、良質のワインが生産できる。ペルー産のワインが、スペイン本国のワイン産業を圧迫するおそれがあるという理由で、植民地のペルーにおけるワインの生産が禁止されたこともある。そこで、蒸留酒であるピスコが飲まれるようになり、ペルーとチリーの国民酒となった。

ピスコは、ブドウの果汁を発酵させたのち、蒸留してつくられる。原理的にはブランデーとおなじ製法である。しかし、ブランデーは蒸留後に木製の樽で熟成させるので、琥珀色の液体となっている。ピスコは蒸留したらすぐに出荷し、熟成過程がないので無色透明の蒸留酒で、平均的なアルコール度数は四二度である。

酒好きの人はストレートやロックで飲むが、ピスコサワーにして飲むことが好まれる。

クッキングスクールのレシピでは、一度に多人数のカクテルを供するためにミキサーを使用してつくっているが、ここでは一杯分のつくりかたを記しておく。

〔**材料**〕　一杯分

ピスコ60cc　ライムあるいはレモン果汁15cc　シロップあるいは砂糖水30cc　卵白1／2個分

氷適量　シナモンパウダー適量

献 立 表

19880604

ペルー料理を楽しむ

サルサ1

◆

サルサ2

◆

サルサ3

◆

アロス・コン・ポーヨ

◆

セビチェ

◆

ピスコサワー

Chef 藤井龍彦

ペルー料理をお勉強
確か藤井先生の奥様にレシピをいただいて
ペルー班の先生方に教えていただいた
ペルーから戻ってらしたばかりの山本先生が作ってくださった
ピスコサワーが口当たりがよくて人気があったように思います

〔**作り方**〕

1、グラスに氷をいれて冷やしておく。

2、カクテル・シェーカーにシナモンパウダー以外の材料をいれ、シェイクする。

3、グラスに注いだらシナモンパウダーをふりかける。

＊ ペルーでは二月の第一土曜日が「ピスコサワーの日」に制定され、各地でイベントがおこなわれるという。

（1） 山本紀夫「チチャ酒の起源」石毛直道（編）『論集　酒と飲酒の文化』平凡社　一九九八年

レシピ

サルサ1

〔**材料**〕

ロコト（みじん切り）1、2個　タマネギ（みじんに切り、水にさらす）小2個　ピーマン（みじん切り）2個

トマト（みじん切り）4個　オレガノ大匙2〜3　パセリ（みじん切り）　セロリ（みじん切り）

〔**作り方**〕

1、材料を全部混ぜて、塩、酢、サラダ油、味の素、胡椒、コミーノ（クミンシードの粉）で調味する。

＊ 調味料の分量は記されていない。

サルサ2

〔材料〕

カテージチーズ100g　ゆで卵の黄身4個　アヒアマリージョ(瓶詰トウガラシ)3本　ニンニク4片　ミルク大匙2　サラダ油1／2カップ　クラッカー2枚

〔作り方〕

1、アヒアマリージョ(瓶詰トウガラシ)の種と筋をとり、水に漬けておく。

2、水少々とアヒアマリージョ、ニンニクをミキサーで攪拌し、ついでクラッカーを加えてミキサーにかける。

3、チーズをよくつぶし、ゆで卵の黄身、ミルク、サラダ油を2に加えて混ぜる。

サルサ3

〔材料〕

ニンニク2片　ネギ(みじん切り)　パセリ(みじん切り)　塩　サラダ油大匙2〜3　味の素　胡椒

＊　レシピに〔作り方〕の記載が欠落していた。おそらく、大量のネギ、パセリのみじん切り、ニンニクをつぶしたものに、サラダ油・塩・胡椒・味の素を加えてドレッシングをつくったのであろう。

アロス・コン・ポーヨ

〔**材料**〕

米（洗っておく）1／2kg　鶏足（ぶつ切り）3本　グリンピース（ゆがいて水に入れておく）250g　トウモロコシ（生のまま実をはずす）2本　ピーマン（みじん切り）　スープの素　塩　クーラントロ（コリアンダー）ひとにぎり（水少々を加えミキサーにかけるか、こまかいみじん切りにしておく）　タマネギ1個　植物油1／4カップ　こしょう　コミーノ（クミン）　トウガラシ（種と筋をとって丸のまま使う）1本　赤ワイン大匙4　ニンニク（つぶす）3片　水（洗った米と同量を使用）

〔**作り方**〕

1、鍋に油を入れて、タマネギをよく炒める（中火）。
2、ニンニクを入れる。鶏肉も入れる。
3、よく全部を炒めてから、塩・こしょう・スープの素・コミーノ（少々）・クーラントロ・赤ワインで調味する。
4、つぎに生トウモロコシの実、ピーマンのみじん切りを加え、水を入れる。
5、沸騰したら、米とトウガラシを入れる～ひたひたよりもすこし多めの水加減。
6、中火にかけて炊き、最後は弱火。
7、炊けたらトウガラシをとりだす。グリンピースを飾って盛りつける。

セビチェ（イカの場合）

〔材料〕
イカ4杯　タマネギ2個　ニンニク1〜2片　レモン1個　セロリ2〜3本　味の素　塩・胡椒　トウガラシ　クーラントロ
〔作り方〕
1、輪切りにしたイカをさっと湯通しして、冷やしておく。
2、タマネギを薄切りにして、水にさらす(数回水をとりかえる)。ニンニクはせん切り、セロリはみじん切りにする。
3、レモンのしぼり汁にトウガラシの薄切りを漬け、そこにニンニクとセロリを加える。
4、3のなかにイカを入れ、塩・胡椒、味の素で調味し、最後にタマネギを加えて混ぜる。盛りつけてからクーラントロのみじん切りで飾る。

ピスコサワー

〔材料〕
ピスコ1カップ　レモンのしぼり汁とポッカレモンジュースを混ぜたもの1／2カップ　砂糖水1カップ弱　氷2カップ　卵白1個分　シナモン
〔作り方〕
1、全部をミキサーにかける。
2、コップに注いでからシナモンをふる。

洋食の歴史

トンカツは日本料理か?

わたしが甲南大学で教えていた頃のことである。一九七二年に、ゼミの学生たちと食事の調査をおこなった。阪神間の居住者五〇名を対象に、一週間の飲食物をすべて記入してもらい、その結果を分析したのである。(1)

そのアンケート用紙の記入欄は、口にした飲食物を「和風」、「洋風」、「中華風」、「その他」に分類して記入するように構成されていた。外来料理が日本化する過程を調べるために、このような欄を設定したのである。すると、あらかじめ予想していたような混乱が生じた。

たとえば、インスタント・ラーメンとカップヌードルを中華風の欄に記入する者、和風とする者、その他のカテゴリーに分類する者の三つにわかれたのである。ラーメンは中国起源の食品であるから中華風とすべきだという意見、即席麺は日本発明の食品であるから和風とすべきだという考え、どちらとも自分には判断できないという立場、それぞれに納得できることである。

記入者にとって困ったのは、タマゴ料理のようである。朝食にタマゴが食べられることがおおく、生タマゴ、目玉焼き、ゆでタマゴ、タマゴ焼きと記入してあるものの四種類がよくあらわれる。

追跡調査をして、記入者にインタビューして聞いてみると、生タマゴはご飯にかけて食べるから和風に分類し、目玉焼きはハム、ベーコンをともなうことがあるし、フライパンを使用するから洋風イメージの食べものだということであった。

しかし、ゆでタマゴはどのカテゴリーにいれるべきか、煎りタマゴとスクランブルド・エッグの区別がどうなっているかわからない、というのがある記入者の感想であった。アンケート結果を通覧すると、パンと一緒に食べるときは洋風、ご飯が主食のときは和風と分類する傾向がつよいことがわかった。

トンカツについては、洋風とする人がおおかったと記憶するが、和風とする人もいた。肉にパン粉をまぶして油脂で料理する技術は伝統的な日本料理にはないということが、洋風論の論拠である。では「串カツも洋風料理か」と、意地悪い質問をすると、ことばにつまってしまうのである。

トンカツに代表される日本的洋食の位置づけについて考えてみよう。

南蛮、紅毛の料理

ヨーロッパと日本について、食事の伝統のちがいを簡単に指摘してみよう。

東アジア・東南アジアの稲作地帯ではコメを粒食するのにたいして、ヨーロッパではムギの粉食であるパンが食べられる。

草食性の家畜を群れとして飼養する牧畜と農耕が併存するヨーロッパでは、乳製品が日常的な食品となっているが、牧畜という生活様式を採用しなかった東アジア・東南アジアの伝統的な食生活では乳の利用がほとんどなされなかった。また、東アジアのなかでの日本の伝統的食文化の特徴は、肉食のタブーが存在し、肉料理が発達しなかったことである。

近代になるとヨーロッパではナイフ、フォーク、スプーンで食事をするようになったが、日本は箸の文化圏に属する。

つぎに、日本人のヨーロッパの食との出会いの歴史について紹介しよう。

一五四三年、ポルトガル船が種子島に漂着し、そのときに鉄砲が伝えられた。これが日本本土におけるヨーロッパ人との最初の遭遇である。

以後、ポルトガルとスペインの商船が日本を訪れ、南蛮貿易がおこなわれるようになり、イエズス会の宣教師によるキリスト教の布教がさかんになった。ポルトガル人はゴア、マカオ、マラッカから、スペイン人はマニラを基地として来航した。南方からやってくるので、スペイン、ポルトガル人を南蛮人とよび、彼らのつくる料理を南蛮料理といった。

南蛮人宣教師は、キリスト教に改宗した日本人たちに南蛮料理をふるまった。一五五七年四月一八日の復活祭に、宣教師が豊後《ぶんご》(大分市)の日本人のキリスト教徒約四〇〇人を招待し、雌牛一頭を買って、その肉をコメと一緒に煮て供したところ、みなが満足して食べたと記録されている。

キリシタン大名の高山右近《うこん》が、牛肉を好んだことが知られている。一時、牛肉を食べることがファッションとなり、京都では「ワカ」といわれる牛肉がもてはやされた。ワカは、ポルトガル語の雌牛vacaが語源である。

しかし、肉食をしないたてまえの日本側からの反発もはげしく、豊臣秀吉は、「役畜《えきちく》である牛馬を殺して食べるとはけしからん」という内容の詰問状を神父に送りつけている。その後、キリスト教が禁止され、キリスト教徒への弾圧がはじまると、肉食が衰退してゆく。

やがて肉をご馳走とする南蛮料理は忘れ去られ、日本的に変形したごく少数の料理だけが残された。

日本での変形

現在も長崎では、「ひかど」という料理が食べられている。ダイコン、ニンジン、サツマイモとマグロの肉をサイの目に刻み、だしで煮て、醬油味をつけ、サツマイモをすりおろしたものを加えてトロミをつけ、薬味にさらしネギをふりかけていただく。

「ひかど」とは、ポルトガル語で「ちいさく刻む」という意味の picado に語源をもつ。もともとは牛肉を使った料理であったが、おなじく赤い色をしたマグロの肉に置き換えられたのではないかという。

「がんもどき」を、関西では「ひりょうず(飛竜頭)」、長崎では「ひろす」とよぶ。これはポルトガル語の filho's、スペイン語の filloas という、油で揚げてあまい蜜をつけて食べるパンケーキの一種に由来するといわれる。それが日本では、豆腐に刻んだ野菜を混ぜた油揚げ料理に変形したのだそうだ。

また、「てんぷら」は南蛮料理起源であるという説が有力であるが、中国料理起源説をとなえる人もある。ポルトガル語、スペイン語、中国語、日本語にもとめるなど、諸説がある。

肉食とは関係のない南蛮菓子は、キリシタン弾圧や鎖国とはかかわりなく生きのびた。「カステラ」、

「コンペイトウ（金平糖）」、「アルヘイトウ（有平糖）」、「カルメイラ（カルメラ）」、「タルト」などが現在に伝えられている南蛮菓子である。

江戸時代の『南蛮料理書』という手写本が残っているが、その内容の大部分は料理ではなく菓子の製法を記したものである。

江戸時代のカステラとヨーロッパのスポンジケーキを比較すると、製法にいくつかの基本的なちがいが認められる。乳搾りをせず、乳製品がなかった日本では、ミルク、バターを使用することはなかったし、輸入品の砂糖は高価なので甘味料には水飴、蜂蜜をもちいた。

また、日本にはオーブンがなかったため、アメリカの西部開拓時代のダッチ・オーヴンとおなじ原理の「鉄の蓋のついた鍋」を使用し、上蓋のうえにも炭火を置いて、上下から熱するようにした。カステラは、ベーキング・パウダーを使用しないので、スポンジケーキにくらべて密度がたかく、重量感のある菓子である。

一七世紀になると、徳川幕府のもとで鎖国政策が実施され、日本人の海外渡航、キリスト教が禁止され、海外貿易を幕府の管理下において統制するようになった。こうして、長崎の出島のオランダ商館が唯一のヨーロッパへの窓口となったのである。

紅毛人の影響

オランダ人は紅毛人《こうもう》とよばれたが、これは「赤い髪の人びと」という意味である。南蛮人の宣教師が日本各地で民衆に布教できたのにたいして、紅毛人は長崎の出島に隔離され、接触できる日本人は限られていた。そこでオランダ料理を食べる機会をもつ人びとはすくなかった。
オランダ通事という通訳や蘭学者が「おらんだ正月」と称して、オランダ風の料理のならぶ宴会をおこなったことが知られている。しかし、紅毛人の料理や菓子が南蛮料理のように民衆に影響をあたえることはなかった。

むしろ、オランダ船によってもたらされた砂糖やオランダの植民地であったインドネシアから導入された「ジャガタライモ(ジャガイモ)」などの食材が日本にもたらした影響を重視すべきであろう。

また、注目されるのは、蘭学者たちが肉食の弁護をしたことである。幕末になると、江戸、京都、大阪ではシカ、イノシシの獣肉や牛肉を売る店が出現し、明治初期の肉食解禁のさきがけとなった。

幕末に緒方洪庵の適塾で蘭学を学んだ福沢諭吉は『福翁自伝』のなかで、当時の大阪に牛鍋を食わせる店は二軒しかなく、そこに出入りするのは町のごろつきと適塾の書生たちにかぎられたと描いている。このような風潮にたいして、肉食に反対する当時の国粋主義者は、「肉食の普及は蘭学者たちのひろめた野蛮な風習である」と非難している。

食の文明開化

明治五年一月二四日、「明治天皇がはじめて肉を食べられた」と報道された。どんな料理法だったかについては公表されていないが、西洋料理であったにちがいない。同年二月、政府は僧侶の肉食、妻帯、蓄髪を許可している。

明治政府の国家目標は、「文明開化」を振興して「富国強兵」をはかることであった。そのためには強健な兵士や工場労働者を育成することが必要であるとされた。欧米人にくらべて日本人の体格がおとるのは、肉と乳の欠如した食生活に原因するとされ、政府が音頭をとって、肉食と牛乳の飲用を奨励したのである。

明治初期の「洋風化」は政府の関与する「公」の場からはじまる。「洋服」は官吏の服装、軍隊・学校の制服に採用された。「洋館」は中央官庁や地方の役所、兵舎、学校の建築から普及する。「洋食」は外国人との公式な場面での食事とされ、軍隊の兵食にも供された。

明治時代の宮中晩餐会や、貴族、高官たちが外国人を接待する施設である鹿鳴館《ろくめいかん》のメニューを検討すると、いずれも本格的なフランス料理のコースである。

しかし、民衆に普及していったのは、欧米起源の料理法が日本的に変形された、いわゆる「洋食」である。当時の洋食は、肉の料理であるとのイメージがつよかった。肉料理の伝統をもたない日本は、欧米の料理技術を導入して、肉を食べるようになったのである。

伝統的な日本料理の技術による肉料理で普及したのは、牛鍋とそれを洗練させた「すき焼き」、海軍の兵食に起源するという「肉じゃが」、兵食として開発された「牛肉の大和煮《やまとに》」缶詰くらいである。

食の脱亜入欧

あたらしい素材である肉を料理するなら、おなじ「箸の文明」に所属する朝鮮半島や中国の肉料理をうけいれたらよかったのにと思われるだろうが、明治時代の社会思潮はそのような環境ではなかった。

「脱亜入欧」ということで、もはや東アジア文明に学ぶことはないとし、文明のモデルを欧米に設定したのである。それに、日清戦争の勝利、朝鮮半島の植民地化も、東アジアの隣国の文化を蔑視する風潮に拍車をかけた。肉食の伝統をもつ中国、朝鮮半島の食文化を、正当に評価する雰囲気ではなかったのである。

日本人客を対象とする中国料理店が都市で繁盛するようになるのは、一九二〇年代からであり、朝鮮半島の料理店の普及はさらに遅れて、第二次大戦終了後になってからである。

二〇世紀にさしかかる頃になると、大都市の中産階層を顧客とする洋食屋が多数出現するようになる。この初期の洋食屋での料理人は、外国人の宿泊するホテル、外国航路、外国企業や外国人家庭で働いた経験をもつコックたちであった。

町の洋食屋の顧客は、ナイフ、フォーク、スプーンの食事作法に慣れた上流階級の人びとではなく、一般の民衆である。本国そのままの西洋料理ではなく、普通の日本人の味覚や食習慣にあうように、さまざまな工夫をしなくてはならなかった。その結果、トンカツを代表格とする日本的な「洋食」が誕生したのである。(2)

西欧のカツレツ

トンカツを英語の料理名に翻訳すると、「ポーク・カットレット(pork cutlet)」ということになる。カットレットは、フランス語で子牛、羊、豚の骨付きのあばら肉をさすコートレット(côtelette)に由来する。骨付き肉に塩、コショウで味つけをし、溶き卵、小麦粉、パン粉をまぶして、網焼きまたはフライパンにいれてバター焼きした料理を、フランス語では「コートレット」、英語では「カットレット」というようになった。このさい、パン粉は必需品ではなく、小麦粉をまぶしただけで焼きつけてもよい。

カットレットがなまって「カツレツ」になったわけだが、日本のカツレツには骨付き肉を使用することはない。トンカツは、骨なしのロース肉かヒレ肉を揚げるのが普通だ。また、牛肉でつくったビフカツ、鶏肉のチキンカツはあるが、子牛肉、羊肉のカツレツはない。

トンカツに似た料理としては、ドイツやオーストリアに、子牛肉を薄く叩きのばし、パン粉をつけて焼きつけた「ウイーン風シュニッツェル」がある。シュニッツェルとは、背肉の部位をしめすことばである。骨付き肉ではないという点では、こちらのほうがトンカツにちかい。肉があまり厚いと、ソテーしたとき内部まで火が通らないので、ウイーン風シュニッツェルに使う肉の厚さは一cm程度である。

カットレット、ウイーン風シュニッツェルなどヨーロッパのパン粉をまぶした肉料理と、トンカツの最大のちがいは、油脂の量にある。ヨーロッパで使用する油脂は、料理の種類や地域によって異なり、バター、ヘット(牛脂)、地中海側ではオリーブ油がもちいられる。少量の油脂をフライパンに敷き、パン粉をまぶした肉を揚げるのではなく、焼きつけるシャロウ・フライング、ソテーといった技法である。

日本のトンカツ

明治の初期に食べられたのは、おそらくビーフ・カツレツやチキン・カツレツであろう。肉といえば牛肉のことをさす関西にたいして、政府の養豚の奨励政策も関係して、二〇世紀初頭の東京近郊では豚肉の生産がさかんになり、関東では肉といえば豚肉のこととなった。そんなことで、東京の洋食店のメニューにポーク・カツレツが記されることになったのである。

一九世紀末になると、西洋風に焼いたカツレツではなく、テンプラの伝統をうけついで、大量の油脂のなかを肉が泳ぐようにして揚げる、英語の調理用語でいえばディープ・フライングという技法によるカツレツがつくられるようになる。

パン粉の衣には油脂がしみこんでいるので、このテンプラ風に揚げてつくるカツレツに、キャベツのせん切りを敷いて供する洋食店があらわれた。しかし、この当時は、肉を切って供することはなく、客はナイフとフォークを使って切っていた。また、デミグラス風のソースをかけていたようだ。

現在でも「わらじカツ」と称し、肉を薄く叩きのばして揚げた、皿からはみ出すほど巨大なトンカツもある。だが、専門店では二、三cmもある分厚い肉を使うことがおおいし、まるのままのヒレ肉を揚げたりする。分厚い肉の内部にまで熱を通す揚げ方がトンカツ専門店の自慢なのである。

ソテーをした肉がしんなりとした食感であるのにたいして、揚げ物であるトンカツの衣にはカリッとした歯触りが要求される。ヨーロッパで市販されるパン粉はきめの細かいものが普通だが、トンカツ用のパン粉は粒が粗く、専門店では手で引きちぎったような生パン粉を使うところもある。衣の表面がザラザラして表面積が大きいとソースがよくからまる。衣の食感を楽しめるように揚げるのが、プロのコツというもののようだ。

昭和一桁の時代、東京の上野にトンカツ専門店が何軒も出現するようになり、ポーク・カツレツという名称はトンカツにとってかわられた。これらのトンカツ専門店では箸で食べやすいよう、一口大に切って、キャベツのせん切りをそえて供するのが定法となった。そこでは西洋のマスタードではなく、和カラシを溶いたものがそえられ、ウスターソースをかけて食べるようになった。

ウスターソース

日本化した洋食に、ウスターソースは欠かせない。ウスターソースは、インドの香辛料を多用した調味料をお手本にして、一九世紀の中頃、イギリスのウスターシャ州で発明された。発明者の名をとって、リー・アンド・ペリンズという商標のウスターソースが、現在でも販売されている。

わたしが知るイギリスにおけるウスターソースの主要な用途は、シチューやスープに数滴おとしたり、トマトジュースを使ったカクテルであるブラディ・メアリーや、トマトジュースに二、三滴たらして風味づけをすることであり、日本のようにウスターソースを料理にたっぷりと使用することはない。

日本での商品化は、一八八五(明治一八)年、ヤマサ醬油がウスターソースを「新味《しんみ》醬油」という名称で発売したのが最初である。一九世紀末から二〇世紀初頭にかけての時期に、さまざまなメーカーが国内生産するようになった。一八九四(明治二七)年に大阪の三ッ矢ソースが市販した商品が「洋式醬油」、略して「洋醬」とよばれたように、ウスターソースは「西洋の醬油」としてうけいれられたのである。

日本料理に醬油をかけるのとおなじ感覚で、日本化した洋食には既製品のウスターソースをかけて食べるようになったのである。ウスターソースの味にあうように変形された欧米起源料理が、日本化された洋食であるともいえよう。ライスカレー、ハヤシライス、チキンライス、オムレツ、オムライス、コロッケ、メンチカツ、魚のフライなど、二〇世紀初頭の洋食屋の定番商品にはソースの瓶がそえられることになったのだ。

終戦後の一九四八(昭和二三)年には、トンカツ専用の市販のトンカツソースが登場した。

米が主食の洋食店

ここで道草をして、二〇世紀前半の洋食屋について簡単に紹介しておこう。

外人客の宿泊するようなホテルのレストランでは欧米そのままの料理を提供することをこころがけたのにたいして、街の洋食屋では日本式西洋料理を食べさせた。日本式西洋料理とは、ウスターソースと米飯、日本酒の味にあうように工夫、変形された西洋起源の料理である。

洋食屋にはパンも置いてあったが、米飯を食べる客がおおかった。西洋皿に盛ったご飯を、フォークの背にのせて、あるいは箸で食べたのである。ライスカレー、ハヤシライス、チキンライス、オムライスなどのライス料理は、洋食屋で人気がたかいメニューであった。

洋食屋では、前菜、スープ、魚料理、肉料理……のようにコースで食べるのではなく、おかず料理一皿と米飯、あるいはライスカレーやハヤシライスのご飯料理一皿だけといったように、ア・ラ・カルトの一品料理を注文するのが普通であった。

アルコール飲料では、ワインを飲む客はなく、ビールと日本酒が置いてあったが、当時ビールは日本酒よりも割高だったので、日本酒のほうがよく飲まれた。

和食となったトンカツ

さて、ソースに話をもどそう。かつては、カレーライスにソースをかけることもおこなわれたが、現在では、カレー本来の風味を味わうべきであるとされている。また、エビや魚のフライにはタルタルソースをそえるなど、家庭におけるウスターソースの消費が減少しているようだ。

といっても、ウスターソースが、家庭に常備調味料として置かれているのは日本だけであろう。そして、醬油を隠し味にしてつくられる日本製のソースは、独特の味をもち、もはやウスターソースというカテゴリーを越えた日本独自の調味料となっている。二〇世紀後半になると、トンカツソースを筆頭に、お好み焼き、たこ焼きの専用のソースが出現した。

トンカツ専門店では、箸でつまめるように揚げたカツを包丁で切って皿にならべて供するが、洋食の家庭での食べかたもおなじである。当時、洋食器をそろえているのは、上流の家庭にかぎられていたのである。

婦人雑誌には料理法が紹介されていたが、家庭でカツを揚げることはまれだったと思われる。洋食屋に出前を頼むか、肉屋で揚げたものを買ってきて食べたのである。家庭で揚げる場合は、植物性の天ぷら油を使用することになる。一方、肉屋では、くずの脂身からつくったラードやヘットなどの動物性油脂で揚げているので、そのほうがおいしいとされた。

一九五〇年代前半、わたしは東京近郊の地方都市に住んでいた。その頃、トンカツ、コロッケ、メンチカツは家庭でつくるのではなく、肉屋でつくった既製品を買ってくるものとされていた。コロッケ、メンチカツはお総菜とされたが、トンカツは普段に食べられるものではなく、お客料理であった。

さて、トンカツが普及すると、串カツが出現する。トンカツがご飯と合体してカツ丼となり、二〇世紀後半になると、洋食のもう一方の雄であるカレーと結合して、カツカレーが考案された。わたしの家のちかくのうどん屋では、「カツカレーうどん」なるものがメニューにある。こうなると、トンカツは和食の一種というほかなさそうだ。

海外の日本料理店では、トンカツや、トンカツの兄弟分として発生したカキフライ、エビフライ、メンチカツが定番メニューとして供されることがおおい。

（1）石毛直道「食事パターンの考現学」日本生活学会(編)『生活学』第一冊　ドメス出版　一九七五年

（2）トンカツの歴史については左記の本にくわしい。
岡田哲『とんかつの誕生――明治洋食事始め』講談社　二〇〇〇年

なつかしの日本洋食

この回は、二〇世紀前半の西洋料理を復元してみた。わたしが古書店で入手した、古い料理教本にあらわれるレシピをもとにつくった献立である。

『主婦之友』昭和一一年新年号付録の『お客料理全集』から、「ポテトサラダ」と「フルーツサラダ」のつくりかたを引用し、『主婦之友』昭和一二年七月号付録の『夏の和洋料理千種の作方《つくりかた》』から、「キュウリとカレーのスープ」と「フルーツサラダ」を引用している。ただし、フルーツサラダに加える「スピード・マヨネーズ」のつくりかたは『お客料理全集』からの引用である。

明治三七年に初版が刊行された『常磐《ときわ》西洋料理』からは、「きざみキャベツ」のつくりかたを引用したはずであるが、クッキングスクールのレシピには記載されていない。

また、メンチカツ、ハヤシライスのレシピを引用した文献は不明である。

当時の『主婦之友』の付録の分厚さにはおどろかされる。『お客料理全集』は菊判三五二頁、『夏の和洋料理千種の作方』はB５判一九〇頁で、いずれも単行本一冊の分量がある。

それは「付録十年戦争」の産物である。昭和初期の婦人雑誌は、一年に春夏秋冬の四回だけ別冊付録をつけて発売していたそうだ。しかし昭和六年の『主婦之友』は、新年号につづき二月号にも別冊付録をつけて発売した。すると、ライバル誌の『婦人倶楽部』は三月号に別冊付録をつけて売りだした。これから『主婦之友』と『婦人倶楽部』の付録合戦がはじまり、両社が和解するまでの一〇年間、本誌にさまざまな別冊付録をつけて発売した。

　この頃の別冊付録から引用して、このクッキングスクールのレシピがつくられた。

『主婦之友』昭和 11 年新年号付録『お客料理全集』

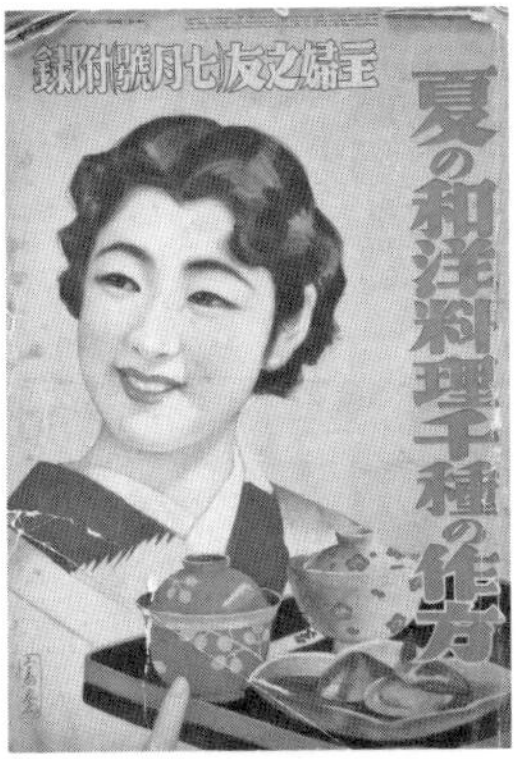

『主婦之友』昭和 12 年 7 月号付録『夏の和洋料理千種の作方』

『常磐西洋料理』はB6判一九二頁の書籍である。二部構成で、第一部「常磐西洋料理」という二八五種類の西洋料理やココア、レモネードなど洋風の飲みもののレシピを記載した部分と、第二部「常磐西洋料理(病人のため)」という病人向けの食事つくりに留意すべき事柄と病人食のレシピを記した部分の二部から構成されている。裏表紙にはThe Tokiwa Cook Bookというタイトルが記され、英文の目次もついている。

　アメリカの女性海外伝道教会が、出版物を通じて日本の女性や子どもにキリスト教や欧米文化を普及させる目的で、明治三〇年に横浜で常磐社という出版社を設立した。

　この出版社が刊行した雑誌『常磐』に掲載された、連載「手軽西洋料理」(ビンフォルド夫人・著)を集めたのが第一部で、第二部の著者は、キリスト教の理念にもとづいて女子教育を

『常磐西洋料理』
明治37年刊行

おこなう普蓮土《フレンド》女学校の校長であるエリス嬢であると記されている。

この本の序文には「本書の目的は日本の家婦をして単純にして実用に適し併《あわ》せて衛生に益ある料理法を知《しら》しめんとするにあり。故《ゆえ》に上等の料理や精巧なる献立などは之《これ》を除《のぞ》けり。又此《この》料理法は著者の創意に出《いで》しといふにあらざれども、其《その》記載するところのものは既に充分実験されたるものなり」と記されている。

『主婦之友』の付録、『常磐西洋料理』とともに、家庭料理のつくりかたを記述した料理教本である。その読者層は中流・上流の家庭の女性で、女学校を卒業した高学歴の人びとであったと考えられる。

レシピ

以下のレシピの転記にさいしては、読みやすいように、旧漢字を新漢字に変え、現代かな使いに改めてある。

キュウリとカレーのスープ

〔**材料**〕

キュウリ(中)三本　カレー粉茶匙一杯　鶏骨のスープ四合(鰹節の出汁でもよい)　牛乳一合

献 立 表

19870316

なつかしの日本洋食

キュウリとカレーのスープ

◆

メンチカツ

◆

ポテトサラダ

クリーム・サラダ・ドレッシング

◆

きざみキャベツ

◆

ハヤシライス

◆

フルーツサラダ

スピード・マヨネーズ

＊ 「主婦之友」昭和 12 年 7 月号付録から
＊＊ 「Tokiwa Cook book」明治 37 年から
＊＊＊「主婦之友」昭和 11 年新年号付録から

フランス料理店ではない洋食屋さんのメニュー
祖母の時代の本からのレシピです
これが結構いけるんです
石毛先生が古本屋でこれらの本を探してこられました
さすが、食いしん坊ですね

〔**作り方**〕

1、キュウリは両端を切り落として皮をむき、五、六分に切って、塩をふっておきます。

2、鍋にバターを茶匙三杯溶かして、メリケン粉茶匙四杯入れ、色づかぬよう、そしてつぶつぶのできぬようによく混ぜて炒めてから、カレー粉を茶匙一杯加え、香りがいいように弱火で炒り、スープを加えてよくかき混ぜます。

3、この中にキュウリを入れて、充分軟らかくなるまで弱火で煮込み、軟らかになったらキュウリだけを取り出し、汁を裏漉しにかけて、再び火にかけ、さっと煮立てて塩で味をつけ、牛乳を一合入れて、一煮立ちしたらキュウリも入れて、皿にとります。

＊ この中には、ご飯を大匙一杯ほど一緒に入れて出すこともあります。

メンチカツ

〔**材料**〕

合い挽き肉(牛肉三、豚肉二の割合)五〇〇g　タマネギ小一個　卵三個　バター大匙一　食パン(六枚切り)二枚　パン粉適量　牛乳六〇cc　ラード(揚げ油として)適量　ドミグラスソース二〇〇cc　ナツメグ・塩・胡椒各適量

〈つけ合わせ〉　小タマネギのスープ煮四個　ポム・デュシェス四個　サヤインゲンのバター炒め適量

〔**作り方**〕

1、タマネギをみじん切りにし、バターで焦がさないように充分炒めてから、完全に冷ます。タマネ

ギは、炒めることによって香味が増し、余分な水分が抜け、肉と混ぜたときになじみやすくなる。

2、食パンは、耳を切り落として牛乳を含ませ、細かくほぐす。挽き肉は火を通すとぼそぼそした歯ざわりになるが、それを柔らかくなめらかにし、弾力をつけるのが食パンの役目。

3、ボウルに、挽き肉、炒めたタマネギ、ほぐした食パン、卵二個、塩・胡椒・ナツメグを入れ、手で練り混ぜて、充分に粘りを出す。塩の量は、肉一〇〇gにたいして約一gが目安。

4、たねを八等分し、形をととのえる。

5、小麦粉をつけて余分な粉をはらい落とし、溶き卵をつけてパン粉をまぶし、たっぷりのラードで揚げる。油の温度は一八〇度前後に保ち、四、五分揚げれば、ちょうどいい具合に火が通るはず。揚げすぎるとうま味を含んだ肉汁が逃げてしまう。

＊ 挽き肉をはじめ材料はすべて、混ぜ合わせるまえに冷蔵庫で充分冷やしておくこと。

＊ ポム・デュシェスとは、マッシュポテトにバターや生クリーム、牛乳などを混ぜて絞り出し、オーブンで焼け色をつけたもの。

＊ ドミグラスソースを使用せず、ウスターソースをじゃぶじゃぶかけて食べるのが昔風。

ポテトサラダ（クリーム・サラダ・ドレッシング）

〔**材料**〕

二、三分角切りの茹で馬鈴薯《じゃがいも》コップ一杯　あられ切りの茹で玉子一個分　一分角切りの胡瓜コップ四分の三杯　細か切りのセロリーコップ三分の一杯　みじん切りの玉葱大匙二杯　みじん切りの晒しパ

セリ大匙半杯　ボイルド・ドレッシング(後述)コップ三分の一杯ほど　ほかにレタス適当(材料は馬鈴薯を主にしてあとの玉子や野菜は、適宜お揃えください)

〔作り方〕

まず馬鈴薯と玉子を茹でてすっかり冷めるまで待ち、あとの材料と一緒にそれぞれ切って下拵《したごしら》えしておきます。

そしてこれを全部混ぜ合わせ、ボイルド・ドレッシングで和えます。これでもう出来上がりましたから、レタスをしいて器に盛ります。

そして上にピーマンの赤と青をとりまぜてせん切りにし、上に飾ると、いろどりもよく、お味も甘いところに、ちょっと辛味があり、ほんとうに美味しく頂かれます。

ボイルド・ドレッシングの代わりに、お好きずきではマヨネーズでも結構ですが、ポテトサラダは、このドレッシングで和えるのが一番美味しいようです。

＊　サラダの飾りは、ラディッシュ、ビーツ、ピクルス、オリーブ、胡桃《くるみ》など何でもよい。

ハヤシライス

〔材料〕

牛肉四八〇g　塩小匙一と四分の一　胡椒小匙四分の一　バター大匙二　小麦粉大匙三　酒(シェリー酒またはマデラ酒なら上等)大匙二　スープストック(または水)七カップ　トマトピューレ　トマトケチャップ　玉葱(縦二つ割りを一cm厚みに切る)三〇〇g　ご飯

〔**作り方**〕 六人分

1、牛肉は薄切りを横三cm、縦二cmの長方形に切り、塩、胡椒して、フライパンで、ごく強火で炒める。酒をふりかけてさっと蒸らし、深鍋にうつす。

2、小麦粉をふりまぜて、火の通るまで、とろ火で炒める。

3、スープストックとトマトピューレを加えて、粉をときのばし、とろ火でぐつぐつ煮込む。

4、汁が煮つまってきたら、別に玉葱を強火でさっと炒めて合わせ、トマトケチャップを加える。味をかげんよくととのえ、さらにちょっと煮て、玉葱の甘みを汁に出し、こっくりと仕上げる。

＊ 安い固い肉を使ったときは、三時間ほどゆっくり煮ると、やわらかになる。

＊ ご飯は、ふっくらと炊いて、なるべくなら別の器に。熱いうちにすすめます。

フルーツサラダ

〔**材料**〕

バナナ　林檎　梨　蜜柑　柿　缶詰めのパイナップル　桜桃《おうとう》　スピード・マヨネーズまたはマヨネーズ・ソース

〔**作り方**〕

果物のとり合わせは、お味と色彩の調和から、何でも好きなようにお選びくださいませ。

ここでは、バナナ三本に、林檎、梨を一個ずつ、それに缶詰めのパイナップルの残りがありましたので、二、三枚とり合わせました。

まず、バナナは二、三分の小口切りに、林檎は、赤いきれいなものなら、皮つきのまま縦八つぐらいに割って、これも二、三分の小口切りに、梨と柿は林檎と同じくらいの小口切り、蜜柑は袋から出し、パイナップルはころころにちぎっておきます。

これを、全部混ぜ合わせ、すぐに召上がるものでなければ、レモン汁をふりかけて色止めをしておきます。そして召上がるちょっと前に、マヨネーズで和えますが、マヨネーズは甘いスピード・マヨネーズが何よりです。たっぷりふりかけて和えます。

スピード・マヨネーズ

〔**材料**〕

酢コップ四分の一　サラダ油コップ四分の一　練乳コップ三分の二　玉子の黄身一個　西洋辛子《マスタード》茶匙一杯　塩茶匙半杯

〔**作り方**〕

口の大きい瓶を用意して、材料の酢、油、練乳、玉子の黄身、西洋辛子、塩の順序に入れ、よくふりまぜますと、即座に美味しいマヨネーズができます。

レシピ追記

きざみキャベツ

献立表には、「ポテトサラダ」と「きざみキャベツ」の二種類のサラダが記されている。この二つのサラダを、メンチカツにそえて供したのであろう。つくりかたが記載されていない「きざみキャベツ」のレシピは、『常磐西洋料理』に「キャベツの辛子酢」という料理名で記されている。その原文を引用してみよう。

「キャベツをざくざく切りにして、熱湯にさっと通しておき、充分冷めてから、軽く搾って、辛子をきかせた酢醤油をかけます」

ボイルド・ドレッシングについて

ポテトサラダのレシピに「ボイルド・ドレッシング、あるいはマヨネーズで和える」とあるので、ボイルド・ドレッシングの製法を『お客料理全集』の原文から引用しておく。

「一名、ボイルド・マヨネーズ・ドレッシングというくらい、このドレッシングは、見たところはマヨネーズと変わりませんが、油が入らないところが特徴です。脂肪過多の人、脂肪をとってわるい人、子供、老人、病人などにふさわしいドレッシングです。

馬鈴薯《じゃがいも》、マカロニのような澱粉質のものには、さっぱりしたこのドレッシングが合います」

〔**材料**〕

メリケン粉大匙一杯、牛乳コップ一杯、バタ大匙四杯、玉子二個、砂糖大匙一杯、塩茶匙一杯、西洋辛子《マスタード》茶匙一杯、酢(あまり強くないもの)コップ四分の一杯。

〔**作り方**〕

まずメリケン粉を牛乳でつぶつぶのできぬようよくといてバタと合わせ、湯煎《ゆせん》にかけます。一方では玉子を黄身と白身に分け、黄身には酢、砂糖、塩、西洋辛子をまぜ合わせておき、白身は固く泡立ておきます。

そして湯煎の牛乳がどろりと煮かえったなら用意した黄身を加え、たえずかきまぜながら、黄身の煮えるまで待ちます。

火が通ると、マヨネーズのようになってきますから、下《おろ》して泡立てた白身にさっとまぜ合わせ、充分冷してから用います。

これにも、マヨネーズ同様、いろいろな材料や調味料をとり合わせる方《かた》もありますが、これは却《かえっ》て、このままの方《ほう》が美味しいようです。


一八世紀後半に地中海沿岸の西欧で、マヨネーズがつくられるようになったが、その頃マヨネーズつくりには、オリーブ油を使用するのが定番であった。

アメリカ南部の白人社会では、高価な輸入品のオリーブ油を使用せずにマヨネーズ風のサラダ・ドレッシングをつくることがおこなわれ、それがボイルド・ドレッシングであるという。

日本で既製品のマヨネーズがあらわれるのは、一九二五(大正一四)年、瓶詰めの「キューピー・マヨネーズ」が発売されたのが最初である。

宇和海の島から

一九八二年八月におこなったクッキングスクールは、暑い時節なので、重厚な肉料理はさけ、さっぱりとした魚介料理づくしの献立にしてみた。ただし、献立表にある「冷やし皿」と「ダークチェリーのワインゼリー」の記録は残っていない。

日振島

レシピに愛媛県宇和島市日振島《ひぶりじま》の「サツマ」と「魚飯(イヲメシ)」が記されている。

日振島は四国と九州の中間、豊後水道のなかに位置する東西約五㎞の細長い離島である。海のなかから小さな山脈がつきだしたような景観の小島で、海岸と山のあいだのわずかばかりの平地に三つの小集落がある。それぞれの集落のあいだは、山道で約四㎞の道のりでへだてられている。

わたしの妻の祖先は、日振島の出身者である。わたしが結婚した当時は、集落のひとつに七〇代後半の親戚のおばあさんが独りで住んでいた。

一九七〇年代、わたしは毎年二~三回おばあさんの家に泊まっては、日振島の調査をおこなっていた。

文献記録のほとんど残っていない島のことである。ライフヒストリー（生活史）の聞き取り調査からはじめることにした。主として年寄りを対象にして、生いたちから現在までの思い出を語ってもらい、記録した。(1)

田んぼのない島

日振島は昭和三〇年代まで、イワシ網漁業に依存していた漁村である。イワシは、江戸時代は肥料用の干鰯《ほしか》に、明治時代になると煮干しに加工して出荷した。昭和四〇年ちかくになると、島でイワシを加工することをやめ、漁獲対象の魚もイワシからアジに切りかえ、鮮魚のまま四国の八幡浜《やわたはま》、宇和島方面に出荷するようになった。わたしの調査時には、小規模ながらも真珠稚貝、タイ、ハマチの養殖もおこなわれていた。

この島では、明治時代に小規模の水田を開発したが、まもなく放棄され、江戸時代からわたしの調査時にいたるまで、コメを生産しない村であった。段々畑で自家消費用の主作物であるハダカムギとサツマイモが栽培されたが、耕作面積はちいさい。男にとって農業は漁業の合間におこなう仕事であり、主力は女の労働にまかせられていた。

ほとんどの世帯が漁業に従事していたこの島では、魚は買わずとも入手できたし、サイノウオ（菜の魚）といって、網船《あみぶね》が浜に着いたとき、漁獲物のなかから、おかず用の魚を無償で人びとに配る慣行もあった。このように、魚には不自由しないが、コメは宇和島から買ってきて、ほんの少量を麦飯やサツマイモのカンコロ飯のつなぎとして混ぜるのが日常の主食であった。西日本では、サツマイモの切り干しをカンコロという。

飯の増量剤としてサツマイモを利用するだけではなく、サツマイモを蒸して主食とすることもおおかった。

聞き取りをした当時、七七歳であったおばあさんのライフヒストリーのなかから、主食に関する話を抜粋してみよう。

「サツマイモは五升炊きの釜で、三升ほど蒸しましたが、子どもがおおかったから、日に二回も蒸したことがあります。

麦飯はマルムギ二升にたいして、コメ二合半の割合で二度炊きをしました(押し麦ではなく皮をのぞいただけのハダカムギをゆでてすこしさましてから、それにコメを加えて、また炊く)。

ムギは、宇和島へ船で運んで精白しましたが、船元までかついでいくのがたいへんでした」

「子どもの頃、白米のご飯を食べられたのは紋日《もんび》だけです。紋日は、正月、三月の節句、盆、九月のお宮さん(産土神《うぶすながみ》の祭礼)です。紋日には、家ごとに豆腐をつくりました。明治時代には豆腐がいちばんいいおかずでした。ほかのご馳走として、オスモジ(五目ズシ)、赤飯などです。祝い事のあるときにイヲメシもつくります」

イヲメシ

九州や四国の沿岸部で、イヲメシ=イオメシ(魚飯)といえば、鯛の切り身や野菜をいれた炊き込みご飯をさすのが普通である。

しかし、日振島のイヲメシは、鯛や白身魚の刺身をタマゴの黄身であえて、炊きたての飯にのせて食べる。レシピでは、尾頭《おかしら》付きの鯛を刺身にしてイヲメシに使用し、頭や骨つきの身を潮汁《うしおじる》にしている。

一九八四年五月二八日におこなったクッキングスクールの「初夏ごはんもの二種を中心として」という献立のなかに、ふたたびイヲメシが登場する。この記録のほうがつくりかたをくわしく述べているので、そのときのレシピを再録してみよう。

〈イヲメシ——日振島の料理〉

1、白身魚またはアジのそぎ切りの刺身をつくる。

2、酒、味醂《みりん》、醤油を合わせたものに刺身をいれ、卵、すり胡麻、青ジソの糸切り(ネギのみじん切りでもよい)を加え、よく混ぜ合わせる。

3、2の味のなじんだ刺身を温かい飯にのせる。薬味として、ミカンの皮のみじん切り、さらしネギ、もみ海苔などをかける。

* 刺身のあまりものを一晩タレに漬けておき、翌朝おなじ薬味で茶漬けとしてもよい。

さつま

もうひとつ、日振島でのご馳走のご飯料理に「サツマ」がある。イヲメシを教えてくれたおばあさんから、そのつくりかたも習った。

焼き魚の身をほぐし、すり鉢で麦味噌と混ぜて、すり鉢を逆さにして炭火にかざして、焼き味噌をつくる。これをダシ、または水で溶いて冷たい汁をつくり、薬味やキュウリの薄切りを加えて、飯にかけて食べる。

夏向きの料理で、わたしの家でもときどきつくることがある。

聞き取りのさいに、おばあさんは次のように話していた。

「サツマをつくるのに、いちばんいい魚はアジですが、ほかに白身の魚ならなんでもいいです。七輪で魚を芯までこんがり焼いたあと、魚の身を(ほぐして)スリコギですります。そこへ味噌をいれてよくすり、(炭火で焼いてから)お砂糖とだしか水をいれ、セイソウ(青ジソのこと)をいれます。セイソウは包丁をいれると苦くなるので、手でちぎったほうがよい。キュウリをいれるところもある。これを、ご飯をちょっぴりよそったうえにかけて食べます。白米よりも麦飯のほうがおいしいです。いまの若い者はタマゴをいれるが、そんなことをしたらもうひとつうまくないです」

サツマは、九州の宮崎県や鹿児島県で「冷や汁」とよばれる料理とおなじものである。岡山県、広島県、愛媛県、香川県には、この料理をサツマとよぶ地域がある。日振島では、むかし島へやってきた薩摩の船が伝えた料理なのでサツマとよぶようになったという伝承がある。

江戸時代に南九州や沖縄から大阪にやってくる船は、日振島の位置する豊後水道をぬけて、瀬戸内海の港に寄港しながら大阪湾にはいった。薩摩の冷や汁が、海路を通じて各地に伝えられた可能性がたかいであろう。

西日本におけるサツマ=冷や汁が分布する九州、四国西部、中国地方西部は麦味噌地帯である。甘

献 立 表

19820813

冷やし皿

鯛の洗い　あじのたたき　えび
海草類　穂じそ　しその葉

◆

かぼちゃとえびの煮物

◆

潮汁

（うしおじる）

◆

さつま

◆

魚飯

（いおめし）

◆

ダークチェリーのワインゼリー

寒天をつかったもの

夏らしいさわやかな和食のメニューに
ちょっと意外なデザートを組み合わせて
お年寄りにも喜ばれそうな取り合わせです

味をもつ麦味噌との相性がよい料理である。

（1） その一部は左記の文献で発表した。
石毛直道「愛媛県宇和島市日振島」農林省農蚕園芸局普及部生活改善課（編）『村の歴史とくらし・II』農山漁家生活改善研究会　一九七六年

レシピ

かぼちゃとえびの煮物

〔**材料**〕

カボチャ　むきエビ　青菜　片栗粉　だし汁　味醂　醬油

〔**作り方**〕

1、カボチャを小さく切り、一〇分から一五分ゆでて、やわらかくなったら一度煮こぼし、濃いめのだし汁と味醂と醬油でしばらく煮る。だし汁はカボチャが浸る程度の量を使用する。

2、冷凍のむきエビを半解凍にして1に加え、すこし温めてから、水溶き片栗粉でとろみをつけ、ゆでた青菜を加え盛りつける。

＊ 塩味をきかせた濃いめのだしを使用し、醬油をすくなくすると、カボチャの色がきれいに仕上がる。

潮汁（うしおじる）

〔作り方〕

1、鯛のあらに塩をふり、熱湯をかけて洗う。

2、塩を流したあらを酒と水と昆布で煮る。
ショウガのせん切り、季節の野菜（ミョウガ、ダイコン、カイワレなど）を加える。

＊ 酒をたくさん入れること。

さつま（冷たい味噌汁）

〔作り方〕

1、塩焼きにした魚の身をほぐして、すり鉢でよくつぶす。そこへ麦味噌を加え、練り合わせる。

2、1をすり鉢に塗りつけて、そのまますり鉢をひっくりかえし、火ですこしあぶる。

3、焼き魚の骨でだし汁をとって、さましておく。

4、だし汁をすり鉢に入れ、焼き味噌を溶く。

5、コンニャクを短冊形に切って乾煎《からい》りしたもの、キュウリの輪切り、乾燥したミカンの皮をきざんだものなどを4に加えて、冷たい味噌汁をつくり、ご飯にかけて食べる。

魚飯（いおめし）

〔作り方〕

1、鯛の刺身をつくる。
2、卵の黄身とすりゴマ、ネギのみじん切り、醤油を混ぜ合わせたものに1を加えてよく混ぜ、熱いご飯の上にのせて食べる。海苔をのせてもよい。

鍋物にちょっとしたあえもの

鍋物はだんらんの料理として、親睦を目的とする会などでよく食べられる。

一九八三年二月二日のクッキングスクールでは、三種の鍋物料理をつくっている。年度末にあたり、民博を離職する人びとの送別会をかねて開催された。参加者は味見のために三種類の鍋のあいだを移動することになり、皆が顔をあわせて懇談することができるしかけである。

一九八五年一二月二日に開催したときも、鍋物をつくっている。この日は、一二月末で国立民族学博物館を退職するクッキングスクールの常連の受講者たちの送別会と忘年会をかねていたので、だんらんのために鍋物を用意したのであろう。

このときの献立は、朝鮮半島の鍋物料理である「牛肉の煎骨(ソゴギチョンゴル)」と「しょっつる鍋」、「朝鮮風のお好み焼き・雑煎(チャプジョン)」であった。一九八三年の記述よりも一九八五年の「しょっつる鍋」のレシピのほうが親切に書かれているので、本書にはそちらを掲載した。

鍋物料理

ここでいう鍋物料理とは、食事の場に熱源と鍋、食材を置き、食卓をかこむ者が料理をしながら食べる食事様式のことである。お好み焼きのように、鍋を使用しない卓上料理も、広義の鍋物料理に含めておこう。

鍋物は東アジアで発達した料理である。

ヨーロッパにも、ブイヤベースやチーズ・フォンデューのような鍋物料理があるではないか、といわれるかもしれない。だが、マルセイユ名物のブイヤベースは、魚介類と野菜をサフランなどのハーブと一緒に煮こんだ料理で、しばしば鍋ごと食卓に供される。しかし、食卓で煮るのではなく、台所で調理をした鍋ごとテーブルに運んでくるだけのことである。

このように食器に盛りつける手間をはぶいて、料理をつくった鍋を卓上に運んで、鍋から直接食べることは、世界各地の家庭でおこなわれる。

スイスのフランス語地帯のチーズ・フォンデューは、土鍋や銅鍋に白ワインとチーズをいれて煮溶かし、長い柄のフォークの先にさしたパン片をひたして食べる卓上料理である。熱源としてアルコールランプを使用することからわかるように、卓上料理として発達したのはそれほど昔のことではなさそうだ。

グルメ本として有名なブリアー・サバランの『美味礼賛』(一八二五年刊行)にでてくるフォンデューは、卓上料理ではなく、あらかじめ料理して皿に盛りつけて供するものである。

鍋物は箸の文化圏で発達した

煮えたぎっている鍋から食べものを口に運ぶことは、手づかみではできない。ナイフ、フォーク、スプーンで鍋物を食べることもむずかしい。したがって、鍋物は、箸を使用して食べる東アジアで発達した料理である。加熱するまえに、材料を箸でつまめる大きさにあらかじめ切ってから加熱するのが、東アジアの料理法の特色である。そこで、台所でおこなう調理を卓上に移行させて、つくりながら箸でつまんで食べるようになったのが鍋物である。

また、東アジアの家庭生活には、煙をださない熱源である木炭が普及していたことも、卓上料理である鍋物がひろく採用された要因である。

中国では、火鍋(フォグオ)とか、火鍋子(フォグオツ)という鍋物料理がよく食べられる。料理名だけではなく、台のついた鍋の真ん中に、熱源の炭火やタドンをいれる煙突状の火筒《ひづつ》のついた金属製の鍋物料理専用の調理器具も火鍋とか火鍋子とよばれる。この型式の火鍋を使ってつくる北京名物の羊肉の鍋物である涮羊肉(シュワニャンロウ)が日本に伝わり、「しゃぶしゃぶ」になり、それをつくる調理器具を「しゃぶしゃぶ鍋」というようになった。

朝鮮半島には卓上料理がおおく、チゲ、あるいはチョンゴルと総称される多様な鍋物料理が食べられる。

火鍋とおなじ型式の調理器具を使用して、牛肉、ナマコ、アワビ、貝柱、エビ、野菜などを醬油味の牛肉のスープで煮る高級な鍋料理を神仙炉(シンソルロ)という。これは朝鮮王朝の宮廷料理に起源をもつ高級鍋料理である。

ブルコギは焼き肉である。もともとは金網で焼いたようであるが、現在では、ガスのうえにかけて使用する、ジンギスカン鍋を平らにしたような形状のブルコギ専用の鍋が、韓国の家庭に普及している。

小鍋立て

現在、冬は週に一度は鍋物をするという家庭もおおい。しかし、日本の鍋料理の歴史は案外あたらしい。

かつて農村では、囲炉裏《いろり》をかこんで食事をした。飯はかまどで炊いたが、味噌汁や簡単なおかずは、囲炉裏の自在鉤《じざいかぎ》から吊した鍋でつくった。囲炉裏の鍋から食器に移して食べるので、鍋物料理の一種と思われそうであるが、食べかたがちがうのである。

自在鉤に吊した鍋で料理をするのは主婦であり、鍋から各自の食器にとりわけるのも主婦の役目であった。それぞれが自分の箸を鍋にいれて食べるのではない。

個人別の配膳法に徹するのが、伝統的な日本の食事様式であった。各自が、一人前の食物を盛った食器がならべられた銘々膳《めいめいぜん》にむかって食事をしたのである。

自分の使用する箸はきまっており、口に触れた箸には使用者の人格が宿ると考えられたため、直箸《じかばし》で食物をつつきあうことはタブーとされた。他人の口に触れた箸と接触した食物には、その箸の使用者の人格がのり移っており、それを口にすることは他人の人格が感染する危険がともなうとされたのである。それは、日本文化に特徴的な「けがれ」の観念にかかわることである。

共用の食器に盛られた食物をとりわけるときには、取り箸、あるいは菜箸《さいばし》といわれる、誰の口にも触れない中立の箸を使用するのであった。

江戸時代後期にコンロや火鉢が普及すると、「小鍋立て」といって、鍋料理が食べられるようになる。一人用の土鍋や鉄鍋を、コンロや火鉢にのせて、湯豆腐などを食べるのが小鍋立てである。

寺門静軒《てらかどせいけん》は著書『江戸繁昌記』(一八三二年)で、この頃に江戸の街で流行しはじめた獣肉の鍋料理を、「凡《およそ》肉は葱《ねぎ》に宜《よろ》し。一客に一鍋。火盆《ひばち》を連ねて供具す」と述べている。

小鍋立てでは、一人が一個の鍋を使用するのが原則であり、皆で鍋をかこんで、つつきあう食べかたではない。家庭の食事では、家長にだけ小鍋の料理が供されたりした。

秋田名物の「しょっつる鍋」は、「カヤキ(貝焼き)」ともよばれた。むかしの秋田の家庭では、ホタテ貝の貝殻を鍋として、一人に一個の小型のコンロのうえに置いて、季節の魚や肉を秋田名物の魚醬油である「ショッツル」や味噌で味つけして食べる。子どもが成長して、カヤキ用の貝殻とコンロを渡されると、「一人前にあつかわれるようになった」とよろこんだそうだ。

小鍋立てやカヤキは、一人前の鍋物料理であり、一つの鍋を箸でつつきあう、現在の鍋物料理とはちがう。それは一人用の膳に食物を分配して食べる、銘々膳の食事の延長線上にある料理であった。

〝乱交〟の料理

幕末から明治時代になって牛鍋(のちのすき焼き)が流行するようになって、皆が一つの鍋をかこむ、現在の鍋料理が普及する。直箸でつつきあう鍋物は、たとえていえば〝乱交パーティー〟ともいえる料理である。

このような鍋物料理は、明治時代の学生の寄宿舎で流行したという。手軽につくれるということの

献 立 表

198302

鍋物にちょっとしたあえもの

しょっつる鍋

◆

常夜鍋軽井沢スタイル

◆

カキの土手鍋

◆

いかの明太子和え

◆

菜の花の辛子和え

◆

ささ身のみどり酢かけ

◆

砂肝のウスターソース蒸し

しょっつる鍋に常夜鍋、そして土手鍋
普段の鍋に飽きたら　ちょっと変わった鍋料理を試して見てください
鍋料理だけでは淋しいので
合の手になる料理も教えていただきました

ほか、出身のちがう学生たちが、あえて直箸で鍋をつつきあい、人格を混交させることによって連帯感を強化させる効果もあったからであろう。

家庭で鍋物料理がよくおこなわれるようになったのは、チャブ台(卓袱台)の普及と関係をもつのではないかと考えられる。一九世紀の終わり頃から二〇世紀はじめに、それまでの銘々膳にかわって、チャブ台が家庭の食卓として採用されるようになる。家族が一つの食卓をかこんで食事をするようになり、おなじ鍋を直箸でつついて食べるようになった。

そして、中央に鍋物用のコンロをはめ込むことができるチャブ台が考案されたりした。鍋物料理は家族だんらんの食事となったのである。(1)

(1) 銘々膳からチャブ台への移行について、くわしくは左記の文献の「チャブ台の時代」の章を参照されたい。
石毛直道『食卓文明論――チャブ台はどこへ消えた?』中公叢書 二〇〇五年(再録『石毛直道自選著作集 第五巻 食事と文明』ドメス出版 二〇一二年)

レシピ

しょっつる鍋

〔材料〕

ハタハタ8尾 豆腐1丁 白菜4枚 ゆでタケノコ100g 生シイタケ4枚 青菜100g ネギ2本 しょっつる大匙3杯半 だし汁適量 酒少々 味醂少々

〔**作り方**〕

1、ハタハタは三枚におろし、食べやすい大きさに切る。

2、豆腐は角切り、白菜は短冊切り、タケノコは斜め切り、生シイタケはいちょう切り、青菜は5cmに切り、ネギは4cmくらいの斜め切りにする。

3、鍋にだし汁(昆布だしがよい)、しょっつる、酒、味醂を入れて熱する。

4、ハタハタと野菜を加えて、煮ながら食べる。

＊　子持ちハタハタが最適であるが、ハタハタ以外の魚貝類を入れてもよい。帆立貝の殻を器に使用すれば最高。

＊　以上のレシピは、一九八五年一二月二日のパーティーのレシピから転記した。

常夜鍋(じょうやなべ)軽井沢スタイル

〔**材料**〕

豚薄切り肉　ホウレンソウ　ネギかタマネギ　キノコ

〔**作り方**〕

1、鍋にあさく酒をひいて、そのなかで煮る。

2、レモン、塩、白ゴマで食べる。

カキの土手鍋

〔材料〕

カキ400g　長ネギ4本　春菊1把　焼き豆腐2丁　合わせ味噌(西京味噌250g　赤味噌50g　味醂大匙5)　昆布だし2カップ

〔作り方〕

1、カキはザルに入れて塩水のなかで振り洗いし、汚れをとる。

2、長ネギは斜め切りにし、春菊は葉を摘む。

3、焼き豆腐は、縦半分に切って、小口から幅2cmに切る。

4、西京味噌、赤味噌、味醂を合わせてよく練り、合わせ味噌をつくる。

〈煮方と食べ方〉　土鍋の周辺に合わせ味噌を塗って、火にかけ、すこし焦がす。焼き豆腐、長ネギ、カキ、春菊を入れ、だし汁をすこしずつ入れて、味噌をすこしずつほぐしながら、中火で煮る。煮えばなを食べる。

＊　カキは黒い縁が縮み、身が膨らんできたら食べ頃なので、煮すぎないように。

＊　最初に味噌がすこし焦げる程度にすると、味噌の香味が香ばしくなる。

いかの明太子和え

〔材料〕

イカ1杯　辛子明太子1腹　味醂

〔作り方〕
1、イカの皮をむき、細造りにする。
2、ほぐした辛子明太子大匙1にたいして、味醂小匙1の割合でまぶして1と和える。

菜の花の辛子和え

〔材料〕
菜の花　和カラシ　醬油　カツオだし
〔作り方〕
1、菜の花をさっと塩ゆでする。一分程度。
2、カツオだし、醬油、和カラシで和える。

ささ身のみどり酢かけ

〔材料〕
新鮮なささ身4本　キュウリ1／2本　酢大匙4　砂糖大匙1杯半　味醂大匙1　塩　片栗粉
〔作り方〕
1、ささ身の筋をとり、手早く熱湯にくぐらせて霜降《しもふ》りにし、氷水に移して身をしめる。
2、ささ身の水気をぬぐい、斜めにそぎ切りにして、器にならべる。
3、酢、砂糖、味醂、塩少々を合わせ、煮立てて、水溶き片栗粉でトロミをつけてさます。

4、キュウリ1／2本をすりおろして水気を切り、3と合わせてみどり酢をつくり、2にかける。

砂肝のウスターソース蒸し

〔**材料**〕

鶏砂肝4個　ウスターソース1／2カップ　醤油大匙2　酒大匙3

〔**作り方**〕

1、砂肝のひだのついた皮をそぎ取る。

2、1を器に入れ、ウスターソース、醤油、酒を加え、中火で一時間蒸す。蒸し汁が完全にさめるまでそのままおく。

3、2の汁だけ鍋に移して煮詰め、砂肝にかけてすすめる。

レシピ追記

しょっつる鍋

一九八二～八五年のあいだ、わたしは東アジア・東南アジアの魚醤とナレズシの調査に従事していた。

これは秋田県でつくる魚醤油であるショッツルの現地調査に行ったとき習った、「しょっつる鍋」のレシピである。

ショッツルは、ハタハタを主原料として製造するが、オオバイワシ、セグロイワシ、小アジなどを混ぜて製造することもおおい。魚に塩とコウジを混合して、容器にいれて三年くらい発酵・熟成させた塩辛の液体部分を集めたのがショッツルである。

かつては秋田市周辺の海岸部では、おおくの家庭でショッツルを自家製造していた。現在はショッツルをつくる家庭はきわめて少数であるが、「しょっつる鍋」用に業者が製造した瓶詰めのショッツルが市販されている(1)。

常夜鍋軽井沢スタイル

日本酒を加えた昆布だしに、薄切りの豚肉をくぐらせて食べる「豚しゃぶ」は、安あがりで、毎晩食べてもあきないので「常夜鍋」とよばれるそうだ。レシピではレモン、塩、白ゴマで食べるとされているが、ポン酢につけて食べるのが一般的である。

また、レシピでは「酒で煮る」とあるが、日本酒で煮たのでは、一般的な常夜鍋で「軽井沢スタイル」にならない。

この前年、わたしは著書の執筆のため、ある出版社の軽井沢の別荘に、半月ほどカンヅメにされていた。そのときの晩食に常夜鍋が二、三度供された。この別荘では、日本酒ではなく、焼酎をたっぷりいれてつくるのが定法であり、飲み助のわたしむきの鍋料理であった。

レシピの記述が簡単すぎるので、焼酎を使用した石毛流の常夜鍋のつくりかたを紹介しよう。

〔**材料**〕

しゃぶしゃぶ用の薄切り豚肉　昆布　ホウレンソウ(白菜や芹《せり》を使用してもよい)　ネギかタマネギを鍋

用に切ったもの　キノコ（鍋用に切ったシイタケ、ナメタケなど）　豆腐　焼酎

〔**作り方**〕

1、土鍋に昆布を敷き少量の水を加えて昆布だしをつくる。沸騰直前にだしの倍量以上の焼酎を入れる。焼酎の量は好みにおうじて自由。個性的な味にするときは匂いのつよい芋焼酎を使用するが、鍋をかこむ相手が酒好きの人物ではない場合には、麦焼酎や米焼酎を使用したほうが無難。

2、豆腐、野菜を加え、沸騰したら豚肉をくぐらせて、色が変わったら食べる。

＊　クッキングスクールのレシピでは、ゴマ塩とレモンの絞り汁で食べている。この日は三種類の鍋物料理を供したので、この料理は意図的にさっぱりした味に仕立てることにした。

＊　一般的には、大根おろしに酢醤油、好みの薬味を加えて食べる。

（1）　ショッツルについて、くわしくは左記の文献の一〇九〜一一二頁を参照されたい。
石毛直道、ケネス・ラドル（共著）『魚醤とナレズシの研究——モンスーン・アジアの食事文化』岩波書店　一九九〇年

石毛クッキングスクールで，著者を囲み，なごやかに調理実習

あとがき

かつて日本では、男は家庭にひきこもることなく、社会に出て仕事をし、女は家庭で育児と家事に専念すべきだ、とされてきた。そのため、家庭の台所では女性が料理し、社会の側の台所であるレストランの厨房では男の料理人が働いていた。

しかし、女性の社会進出が顕著になった現代のことである。男性も、もっと家事に参加すべきであろう。

炊事、掃除、洗濯などの家事のなかで、わたしにとって、いちばんおもしろく思えるのは炊事である。それは日常生活のなかで、創造の楽しみを体験できるからである。そして、おいしい料理ができたら、家族によろこんでもらうこともできる。

ということで、男性読者には、「この本に記載されたレシピのうち、興味を持ったものがあれば、ぜひとも自宅の台所で再現してください」と、お願いするしだいである。

この本に記した献立の原本となった『石毛クッキングスクール一〇周年記念レシピ集』を作成した「よろづ探検隊」の皆さんと、編集・刊行でお世話になった岩波書店の中嶋裕子さんに、こころからの謝辞をささげたい。

二〇一八年八月

石毛直道

石毛直道

1937年千葉県生まれ．京都大学文学部卒業，農学博士．専門は文化人類学(食事文化，比較文化)．国立民族学博物館教授，館長をへて，同館名誉教授．総合研究大学院大学名誉教授．第24回南方熊楠賞受賞，瑞宝中綬章受章．

著書『住居空間の人類学』(鹿島出版会)，『食事の文明論』(中公新書)，『魚醤とナレズシの研究――モンスーン・アジアの食事文化』(共著，岩波書店)，『麵の文化史』(講談社学術文庫)，『食卓の文化誌』(岩波現代文庫)，『食卓文明論――チャブ台はどこへ消えた？』(中公叢書)，『飲食文化論文集』(清水弘文堂書房)，『石毛直道自選著作集』全12巻(ドメス出版)，『日本の食文化史――旧石器時代から現代まで』(岩波書店)他多数．

レシピで味わう世界の食文化
――みんぱく研究室でクッキング

2018年9月19日　第1刷発行

著　者　石毛直道《いしげなおみち》

発行者　岡本　厚

発行所　株式会社　岩波書店
〒101-8002　東京都千代田区一ツ橋2-5-5
電話案内　03-5210-4000
http://www.iwanami.co.jp/

印刷・法令印刷　カバー・半七印刷　製本・松岳社

ISBN 978-4-00-025671-1　　Printed in Japan